MES ÉTUDES ET MES SOUVENIRS

ALEXANDRE DUMAS

SA VIE, SON TEMPS, SON ŒUVRE

PAR

H. BLAZE DE BURY

PARIS
CALMANN LÉVY, ÉDITEUR
ANCIENNE MAISON MICHEL LÉVY FRÈRES
3, RUE AUBER, 3
—
1885
Droits de reproduction et de traduction réservés.

MES ÉTUDES ET MES SOUVENIRS

ALEXANDRE DUMAS

CALMANN LÉVY, ÉDITEUR

DU MÊME AUTEUR

Format grand in-18

Le Chevalier de Chasot. . . . . 1 vol.
Écrivains modernes de l'Allemagne. . . . 1 —
Épisode de l'histoire de Hanovre. . . . . 1 —
Intermèdes et poèmes. . . . . 1 —
La Légende de Versailles. . . . . 1 —
Les Maîtresses de Goethe. . . . . 1 —
Meyerbeer et son temps. . . . . 1 —
Musiciens du passé, du présent et de l'avenir . . . . 1 —

* * *

Les Bonshommes de cire. . . . . 1 —
Hommes du jour. . . . . 1 —
Les Salons de Vienne et de Berlin. . . . 1 —

IMPRIMERIE CHAIX, RUE BERGÈRE, 20, PARIS. — 4828-4.

AVANT-PROPOS

Il pleut des recueils d'anecdotes sur Dumas; et pourquoi serait-ce autrement avec un sujet aussi fertile et propre au rendement que celui-là? Dumas, d'ailleurs, s'est chargé de nous fournir lui-même la recette d'écrire sur Dumas. Être anecdotique et parler de soi dans des mémoires, rien de plus naturel. Ce qu'on a pu lui reprocher, c'est de faire partout ce qu'il fait dans ses *Mémoires* et de ne pousser ni plus haut ni plus loin que son personnage. Le titre d'*Études* que nous mettons en tête de ce livre a surtout pour intention de prémunir contre une déconvenue les lecteurs de menus détails biographiques. Nous avons cru qu'en dépit de ses incartades étourdissantes, on pouvait prendre Dumas très au sérieux et qu'il y avait autre chose à savoir de lui que la manière dont il éternuait. Maintenant, en matière d'affinités intellectuelles, chacun procède comme il l'entend. On a, dans son siècle et souvent même dans les siècles qui ont précédé le nôtre, son quart d'heure de prédilection ; vous rencontrez tous les jours, sur le boulevard et dans le monde, des hommes de 89, de 93 et de 1815. Château en Espagne ou taupinière, on s'arrange à sa fantaisie, chacun selon le paysage qu'il préfère et quand il n'y a pas de paysage, on s'en fait un de sa bibliothèque. Nous connaissons des gens qui ne se plaisent qu'à la société des Encyclopédistes : Voltaire et Diderot sont leurs dieux ; d'autres, qui ne sauraient avoir une idée ni écrire une ligne sans en demander la permission à Quintilien. Notre foyer de lumière et d'attraction, à nous, serait la période qui commence à Chateaubriand et Lamartine et se termine par Victor Hugo en passant par Vigny, Musset et Dumas.

« Romantique ! » eh bien, après ? *Cur non ?* comme disait ce bon et grand Dumas que nous prenons pour nous guider à travers cette époque et la voir revivre !

Il semblera peut-être que le pilote indiqué serait plutôt ici Victor Hugo, maître et seigneur de la circonstance ; mais Hugo, s'il a plus de génie, est moins familier, moins populaire ; sans sa politique, les masses ne le connaîtraient pas, tandis que Dumas, franc du collier, populaire par le seul effort de sa dramaturgie et de ses talents, vibrant à l'intérêt commun du romantisme, battant la plaine et les buissons, nous paraissait un plus allègre compagnon de chasse et, par la variété de ses sujets, répondait mieux à certaine visée qui serait volontiers la nôtre : penser d'original en faisant de la critique.

Paris, janvier 1885.

ALEXANDRE DUMAS

I

La vingtième année. — Le cinquième étage de la place Louvois. — La mère de Dumas fils.

L'erreur est trop souvent de considérer l'esthétique comme une science ayant ses lois invariables et de ne pas en modifier les conditions, chacun de nous selon sa manière de voir et de sentir ; nous lui demandons la raison de choses qui sont dans l'œuvre elle-même où nous n'avons qu'à puiser diversement à notre soif. Lessing disait : « Le vrai goût est l'universel », autrement dit le goût qui sait se répandre sur les beautés de toute sorte et n'exiger de chacune que ce qu'elle peut donner. Un ensemble d'opinions, d'émotions, d'impressions servant de règle à notre jugement, je ne pense pas qu'il y ait une autre esthétique applicable à Dumas. Abordons-le donc, non point comme à l'Académie, mais familièrement, à sa façon, en honnêtes gens qui passent devant sa statue et profitent de l'occasion pour « lui donner le bonjour ».

Connaissez-vous une lettre de Balzac qui débute ainsi : « En France, nous sommes gais et spirituels et nous aimons ; nous sommes gais et spirituels et nous mourons ; nous sommes gais et spirituels et nous créons ; nous sommes gais et spirituels et nous faisons de grandes choses ; nous haïssons l'ennui et n'en avons pas moins de sens ; nous allons à tout gaiement, spirituellement, le rire sur les lèvres. On nous tient pour un peuple frivole... On se trompe. » A lire ces lignes du grand romancier, on pense tout de suite à Dumas, quoiqu'il y ait aussi d'autres manières d'être pour notre pays et qu'à la rigueur on puisse se demander lequel est le plus français, de Rabelais ou de Pascal, de Rancé ou de Lauzun ? question qui, d'ailleurs, reste hors de notre sujet.

Un mouvement intellectuel ne peut être saisi, peint avec force, que par celui-là qui le possède à fond et pourrait y avoir pris part. Pour toucher à l'histoire du romantisme, il faut être soi-même un poète et un critique, ayant, sinon vécu à cette époque, du moins capable de s'y reporter par de secrets élancements d'affinité. Autrement, l'écrivain court risque de ne pas être *dans* son œuvre, au plein des événements et des choses ; il reste dehors, car c'est par les côtés, par les détails, que le sujet lui vient, non d'ensemble et de façon concrète. Les grands combats religieux, philosophiques, littéraires ne sauraient vivre et revivre que par la plume de quelqu'un qui les a ou qui les aurait soutenus.

L'Étude que j'entreprends ici aurait donc cela de bon, qu'en nous montrant l'homme et l'artiste elle nous montrerait aussi la période et les idées dont il fut le représentant privilégié. Dire que Dumas a totalisé en sa personne le mouvement romantique de 1830 serait trop ; mais il en fut l'élément sympathique et l'influence prédominante. D'autres, Victor Hugo, Vigny, Musset, eurent la gloire, à mon sens, bien autrement précieuse, de l'art des vers ; il eut pour lui les apothéoses de la scène ; d'un théâtre de cabinet comme était le nôtre, il fit un théâtre vivant, ouvert à tous ; en quoi ses plagiats eux-mêmes méritent de lui être pardonnés, car il est de cette classe d'auteurs qui, une fois morts, tournent à la légende et deviennent des types.

J'ignore s'il est vrai qu'au sortir d'une lecture de *Marion Delorme*, Émile Deschamps, ou quelque fanatique de sa bande, se soit écrié, devant une affiche annonçant le spectacle du soir :

— Les malheureux ! et ils vont jouer *Britannicus !*

Mais ce que je sais à n'en pouvoir douter, c'est que le romantisme, débarrassé de tant de sottises individuelles dont on l'a chargé et surchargé, aura beaucoup servi, au contraire, à ramener les esprits à la juste appréciation des chefs-d'œuvre de notre xviie siècle. La critique moderne, née de ce mouvement, a relevé, restauré mille beautés disparues sous la crasse des imitations successives, et si nous admirons aujourd'hui *Polyeucte* et *Cinna*, *Andromaque* et *Bérénice*, *l'École des femmes* et *Tartufe*, dans la plénitude d'un sentiment libre et réfléchi, nous devons ce bienfait au romantisme, qui, en nous ramenant aux sources de l'antique et en nous familiarisant avec les littératures étrangères, en nous forçant à comparer, a substitué la réflexion et le jugement à la leçon apprise.

Où donc a-t-on vu que Dumas, Hugo, Vigny, aient jamais insulté nos monuments? Ils sont venus simplement balayer les alentours, nettoyer la place ; en un mot, réagir non pas contre Corneille et Racine, mais contre les rejetons abâtardis de leur dynastie : les Arnault, les Lemercier, les Étienne, les Jouy, les Viennet, tout un monde à ce point lamentable, qu'un fâcheux comme Ancelot, arrivant avec son *Louis IX*, y faisait miracle.

Plus tard, après la bataille, et quand les situations respectives furent décidément constituées, Casimir Delavigne disait :

— C'est mauvais, ce que fait ce diable de Dumas, mais cela empêche de trouver bon ce que je fais.

A l'heure où nous sommes, la traînée de poudre n'a pas encore pris feu. La phalange existe déjà pourtant et s'organise, mais seulement sur le terrain de la poésie lyrique. On prélude avec les *Odes et Ballades*, en attendant de livrer au théâtre le grand combat.

Dumas ne fit jamais partie du cénacle, où régnait surtout un sentiment raffiné du vers et de la strophe, qui n'était point dans sa nature. Humble expéditionnaire dans la maison de M. le duc d'Orléans, il travaillait à l'écart et la nuit, alors que les loisirs de son emploi le lui permettaient. Un groupe sculptural de mademoiselle de Fauveau, exposé au Salon de 1827, avait fixé son attention sur l'aventure de Christine de Suède, et, se laissant aller où le portait son instinct du théâtre, il écrivait un drame, un grand drame en vers, prologue, épilogue et cinq actes: *Stockholm, Fontainebleau et Rome!*

« Je possédais alors cet effroyable aplomb qui accompagne toujours l'inexpérience et la suprême satisfaction de soi-même; il m'a fallu bien des succès pour me guérir de mon amour-propre. » Que savait-il de l'histoire? Rien encore; il ignorait aussi l'art de rimer; n'importe, la confiance en soi tenait lieu de tout. L'époque était aux grandes escalades, au titanisme; un changement de titre à une pièce, un simple raccord, cela s'appelait « une genèse nouvelle »! Dumas, en proie à tous les démons de la jeunesse, je me reprends, de sa jeunesse, habitait en ce temps-là place Louvois, au cinquième étage d'une maison où lui et celle qui devint la mère de l'auteur de la *Dame aux Camélias* et du *Demi-Monde* s'étaient rencontrés.

II

Il n'avait que vingt ans; sa voisine dirigeait un atelier de lingerie avec deux ou trois ouvrières. Bientôt la vie fut en commun, et, tandis que, au dehors, belles dames et courtisanes guettaient l'heure du succès pour enlever leur poète, Jenny l'ouvrière, active, courageuse et forte, éclairait de sa bonne humeur le ménage du pauvre employé.

— Je me rappelle encore mes insomnies d'enfance, me disait naguère Dumas fils, un soir que nous repassions ensemble les chers souvenirs d'autrefois. — Je revois mon père écrivant à la lueur d'une petite lampe sur une table auprès de ma mère. Je me souviens qu'une nuit je ne dormais pas, je pleurais, je criais ; ma mère me prit sur ses genoux pour me rendormir. Je continuais à brailler; mon père travaillait toujours, mais les cris le gênaient et l'impatientaient, si bien qu'il finit par me prendre d'une main et m'envoyer à toute volée sur le lit. Je me vois encore en l'air. Cris de ma mère, — scène! Je rebraille, et mon père s'en va dans sa chambre. Le lendemain, il vint tout penaud dîner avec ma mère, et, pour se faire pardonner... il apportait un melon! »

Le prologue du *Fils naturel* ainsi que les premiers chapitres de *l'Affaire Clémenceau* sont faits avec les souvenirs de cet intérieur, que Dumas fils a toujours eus présents à l'esprit comme au fond du cœur. Laborieuse, dévouée et jolie, d'extraction très modeste, d'instruction nulle, sa mère n'était pas pour rester la compagne éternelle — légitime ou non — d'un homme de cette envergure et de cette destinée. La rupture s'annonçait fatalement; elle eut lieu, quoique longtemps retardée par le très grand et très maladroit amour de la jeune femme pour son amant, et par ce mouvement d'hésitation qui porte un honnête homme à reculer devant l'acte d'où va sortir le désespoir d'une brave et digne créature.

Enfin, il y eut séparation violente. Dumas enleva l'enfant, le reconnut et déclara qu'il le gardait, comme c'était son droit: là-dessus, procès intenté par la mère, qui naturellement perdit sa cause, et le plus marri, le plus meurtri dans cette lutte, la victime expiatoire fut le pauvre petit que le tribunal fit arrêter par le commissaire et mettre en pension à sept ans, la mère ayant à son tour réussi à l'enlever et à le cacher.

Alors s'ouvrit — chez un M. Vauthier d'abord, puis chez Goubeaux — l'ère des sanglots et des grincements de dents. Il faut lire dans *l'Affaire Clémenceau* le précis de ce martyrologe :

« L'un se croyait en droit de me reprocher ma pauvreté parce qu'il était riche ; l'autre, le travail de ma mère parce que la sienne était oisive ; celui-ci, ma qualité de fils d'artisan parce qu'il était fils de noble ; celui-là, de n'avoir pas de père parce qu'il en avait deux peut-être. Un matin, je bêchais de mon mieux mon petit jardin, lorsqu'un nom de baptême, qui m'était bien connu et bien cher, frappa mon oreille à plusieurs reprises. Il s'agissait d'une histoire dont l'héroïne avait nom Félicité. Or, Félicité était le nom de baptême de ma mère, et le narrateur avait le soin de le prononcer très haut chaque fois que sa promenade le ramenait dans mon voisinage. L'histoire roulait, d'après ce que j'en pouvais saisir, sur un sujet amoureux ; ils en conclurent qu'on pourrait l'intituler « la Félicité de l'Amour ».

En classe, un élève interpellait le professeur, lui demandait quel était le surnom du beau Dunois.

— Le bâtard d'Orléans.

— Qu'est-ce qu'un bâtard ?

Et ainsi de suite, à la confusion, au déchirement, à la rage du malheureux enfant qui, poussé à bout, essuyait ses larmes, relevait ses manches et se ruait à coups de poing sur ses bourreaux.

Plus tard, l'âge et la liberté ayant amené l'apaisement, le fils, sorti de pension, retourna vivre à côté de sa mère :

« Que dirais-tu si elle t'avait abandonné, elle aussi ? Ne le pouvait-elle pas ? Et elle t'a élevé, et elle t'aime, et elle n'aime que toi, et elle a travaillé jour et nuit pour te faire vivre, et elle mourrait de ta mort. Quelle femme est plus vaillante ? Elle est belle, elle pourrait aimer encore et être aimée si elle voulait, et tu lui suffis cependant, et nul ne pénétrera plus dans cette âme dont tu es le maître, et tu n'as pas surpris dans toute sa vie une action douteuse ? Combien d'orphelins légitimes voudraient être à ta place ! Combien d'enfants nés légalement donneraient leur mère pour la tienne ! Jette-toi dans ses bras ! »

III

De son côté, Dumas père n'était pas de ceux qui éludent les responsabilités, il les affrontait au contraire toutes et très allègrement, mais à sa manière. Plutôt que d'abandonner son ménage, il en eût fondé, entretenu, ravitaillé à la fois deux et trois autres, à la condition de continuer à vivre en garçon.

Dès qu'il commença de gagner quelque argent, son premier soin fut de louer à Passy un petit appartement et d'y colloquer la mère et le fils. Il y venait de loin en loin « respirer l'air de la campagne », dans son uniforme d'artilleur de la garde nationale, qu'il prenait, du reste, fort au sérieux, en sa qualité de combattant de Juillet et d'ami de Godefroy Cavaignac. Quand sa famille le perdait de vue, c'était au poste du Louvre qu'il fallait courir pour mettre la main sur lui ; ce qui advint un jour que le petit se laissa choir du haut de l'escalier.

L'accident s'annonçait assez grave: l'enfant évanoui, la mère affolée et le croyant mort. On envoya vite chercher le père, qui naturellement montait la garde, et, d'autre part, le médecin, qui arriva le premier. Cependant l'enfant avait repris connaissance, mais il était très pâle, suffoquait, et lorsque le père, en entrant, l'aperçut dans cet état, il s'évanouit à son tour. Vous voyez d'ici ce grand diable équipé, plastronné, fourbi de pied en cap, à qui on enlève son sabre, son shako, ses aiguillettes, et qu'on déboutonne !

Le médecin avait ordonné des sangsues, mais l'enfant opposait la plus vive résistance ; le père implorait, suppliait, jurant Dieu que cela ne faisait aucun mal ; à quoi l'enfant répondit :

— Eh bien, alors, mets-t-en toi-même, et je m'en laisserai mettre ensuite.

Et Dumas consentit, et il s'appliqua deux sangsues dans le creux de la main gauche.

Quel joli Daumier, cet excellent homme d'artilleur romantique s'ouvrant la veine à l'instar des matrones classiques de la vieille Rome: *Pœte, non dolet !*

Le jour vint pourtant où le fils put, non pas

s'acquitter, — on ne s'acquitte pas envers sa mère, — mais lui témoigner sa reconnaissance et l'entourer de soins et d'un bien-être que, pendant vingt années, elle ne cessa de se reprocher comme trop dispendieux ; car sa simplicité n'avait d'égale que sa délicatesse.

Quand elle mourut on trouva parmi ses livres de comptes, minutieusement tenus jour par jour, le récit de son existence qu'elle avait écrit pour son fils. Celui-ci le brûla sans le lire, ne voulant rien savoir de plus que ce qu'il savait de cette mère pour l'avoir vue à l'œuvre. C'est d'elle que le Dumas actuel semble avoir hérité cet esprit d'ordre et de conduite qui le distingue si prodigieusement de l'ancien Dumas. Au génie près, on serait en effet tenté de se demander comment un pareil père a pu produire un pareil fils. Peut-être aussi faut-il compter avec certaines réactions que l'exemple amène.

IV

A cette bienheureuse époque de prime jeunesse, où Dumas fils n'était qu'un aimable garçon au pays de bohême, flânant, soupant, hantant mauvaise compagnie, bref, se livrant de gaieté de cœur à ces courants qui vont au gouffre, un précieux avis lui fut donné par un homme que personne de ceux qui l'ont connu ne s'avisa de classer au nombre des moralistes.

— Vous êtes jeune, monsieur; vous portez un nom célèbre; vous avez de l'esprit, des talents; eh bien, croyez-moi, ne vous attardez pas davantage au milieu de ce monde interlope et tâchez surtout d'en avoir fini avec lui avant votre trentième année.

Ainsi parlait au futur auteur du *Demi-Monde* le vicomte Guy de la Tour du Pin, une nuit que tous les deux sortaient de souper chez la Guimond. La remontrance, pour être absolument plausible, n'en était pas moins fort singulière, venant d'un tel prédicateur. Dumas fils, qui, d'ailleurs, approuvait en principe, ne dissimula point son étonnement.

— Eh! pardieu! reprit alors le brillant vicomte, je vois bien que cela vous étonne de m'entendre ainsi conspuer cette bohême, moi, qui pourtant y suis encore, passé l'âge que je vous ai dit. Mais c'est justement parce que je n'ai jamais pu m'en dépêtrer que je vous en parle, pour que mon exemple vous soit profitable.

Dumas fils resta longtemps sous l'impression de cet entretien, qui, somme toute, concordait avec les bons instincts de sa nature, corroborés par une sorte d'étude expérimentale déjà trop prolongée.

Avez-vous présent à l'esprit le joli quatrain, taillé comme un diamant, que Goethe a mis en épigraphe à ses Mémoires :

« Je tiens de mon père le sens du droit et du correct, et de ma mère l'art de confabuler *(zu fabüliren).* »

Dans la dynastie des Dumas, c'est l'inverse : le sens du judicieux vient de la mère, et du père l'art de confabuler.

Il semble que nous soyons loin de *Christine;* le chemin que nous suivons nous y conduit et la digression était systématique. Tout dire sur Dumas, et pour et contre et à l'entour, n'était point une tâche facile ; nous y avons mûrement réfléchi et nous nous sommes arrêté à ce parti, de tirer, au fur et à mesure de chaque motif qui se présente, tout ce que ce motif peut rendre et comme critique littéraire et comme intérêt biographique et psychologique. Ce drame de *Christine*, par exemple, évoquait tout un tableau d'intérieur à ne point omettre. Aller alternativement de l'œuvre à l'artiste et de l'artiste à l'œuvre est un de ces droits qu'on devrait inventer s'ils n'existaient pas.

Dumas achevait donc *Christine*, qui fut dans l'ordre chronologique son premier drame et ne parut pourtant à la scène qu'après *Henri III*. Le même cas s'est reproduit pour Victor Hugo avec *Marion Delorme*, une autre aînée dont les circonstances firent une cadette.

Les circonstances ! on ne s'en inquiétait guère à cette époque. Les obstacles ! on les défiait qu'ils vinssent de la mauvaise volonté d'un directeur ou des interdits de la Censure. On disait à la Comédie-Française : « Vous renvoyez ma *Christine* aux calendes grecques parce que vous en avez une de M. Brault, qu'à cela ne tienne ! » Et, six semaines plus tard, on apportait au Comité de lecture le manuscrit d'*Henri III*. Trop de scrupules empêchaient « le gouvernement du Roi » de permettre qu'un aïeul de Charles X fût traîné sur la scène.

> . . . . Que sert de mettre à nu
> Louis Treize, ce roi chétif et mal venu ?
> A quoi bon remuer un roi dans une tombe ?
> Que veut-on ? où court-on ? sait-on bien où l'on tombe ?
> Tout n'est-il pas déjà croulant de tout côté ?
> Tout ne s'en va-t-il pas dans trop de liberté ?

Et l'on répondait à ses scrupules : « Ne vous gênez pas » ; et remplacer *Marion Delorme* par *Hernani* était l'affaire de moins d'un mois.

Étranges coïncidences, particulières aux temps légendaires où des faits identiques se rencontrent à chaque instant, où les Goethe et les Schiller, les Hugo et les Dumas, sans s'être concertés et à distance, pensent la même chose à la même heure, comme si l'atmosphère ambiante, l'air qu'ils respirent, étaient de complicité dans leurs travaux ! Prenez *Christine* et *Hernani*, les rapprochements vous sautent aux yeux presque à chaque page... Le monologue de Sentinelli, qui termine le troisième acte du drame de Dumas, ne se contente pas de reproduire le mouvement du monologue placé à la fin du premier acte d'*Hernani*, il en répète les propres termes, et, si vous regardez ensuite aux monologues de Christine et de Charles-Quint, c'est à croire qu'ils ont été copiés l'un sur l'autre.

Les monologues de Charles-Quint et de Christine, semblent s'être donné le mot pour répéter les mêmes lieux communs. On remarquera aussi comme signes du temps ces épisodes que rien ne rattache à l'action, ces personnages sans raison d'être en pareil lieu : Corneille, Descartes, La Calprenède, qui viennent là uniquement pour réciter des vers d'auteur et dire au public ce que Dumas pensait de l'insuccès du *Cid* et de Cinna.

CHRISTINE.

Que fait Paris ?

STEINBERG.

Paris siffle l'Académie.

Hugo, lui, ne la sifflait pas, bien au contraire : intraitable sur la théorie, il ménageait les hommes et les choses, et c'était par quoi il se distinguait si radicalement de Dumas, qui ne voulut être jamais rien, tandis que lui a toujours été tout ce qu'on pouvait être ; invinciblement possédé de l'idée de réaliser ce fameux rêve d'un Corneille premier ministre, dont Napoléon entretenait sa galerie. « A tout prendre, en jugeant d'un point de vue élevé, dans le temps où nous sommes ce qui est au fond des intelligences est bon. Tous font leur tâche et leur devoir, tous, depuis l'humble ouvrier bienveillant et laborieux, qui se lève avant le jour dans sa cellule obscure, qui accepte la société et qui la sert quoique placé en bas, jusqu'au roi, sage couronné, qui, du haut de son trône, laisse tomber sur toutes les nations les graves et saintes paroles de la paix universelle, et jusqu'à ces ACADÉMICIENS SUBLIMES, qui habitent la sphère des idées pures, les régions sereines où n'arrivent pas les bruits extérieurs, qui cherchent le parfait, qui méditent le grand ! » — Toujours le monologue d'Hernani.

Ici, nous demandons à nous arrêter un moment pour regarder autour de nous.

II

A vue de Pays.

I

« De 1818 à 1828, Hugo et Lamartine jettent au monde littéraire, l'un avec les *Odes et Ballades*, l'autre avec les *Méditations*, les premiers essais d'une poétique nouvelle. De 1820 à 1824, Nodier publie des romans de genre qui ouvrent une nouvelle voie, celle du pittoresque. De 1824 à 1828, ce sera le tour de la peinture de faire son mouvement; enfin de 1828 à 1835, s'accomplira la révolution dramatique que suivra presque immédiatement celle du roman historique et de fantaisie. »

Ce programme du romantisme en France, que Dumas trace dans ses Mémoires, aurait grand besoin d'être commenté, n'offrant guère qu'un aperçu chronologique du mouvement général qui s'opérait alors. Qu'était-ce, en effet, que le roman historique et le drame historique, sinon de simples dérivés d'un nouveau système d'études comparées où tout le monde s'appliquait et qui réunissait pour la première fois en un même esprit d'émulation les hommes de science et les purs artistes? George Sand nous montre dans *le Compagnon du Tour de France* un jeune ouvrier se glissant de nuit dans la bibliothèque de sa noble maîtresse pour y dévorer les ouvrages de Walter Scott et s'en faire un fonds d'éducation.

C'est qu'à la vérité l'influence que Walter Scott exerça sur le moment dépassa de beaucoup celle d'un romancier ; son influence s'étendit également sur l'histoire, qui, de rationaliste qu'elle était, devint pittoresque, et se mit en frais d'archéologie et de portraits. Il faut voir avec quel transport d'enthousiasme Augustin Thierry salua l'apparition d'*Ivanhoe* !

« Walter Scott venait de jeter son regard d'aigle sur la période vers laquelle se dirigeaient depuis trois ans tous les efforts de ma pensée. Avec cette hardiesse d'exécution qui le caractérise, il avait posé sur le sol de l'Angleterre, des Normands et des Saxons, des vainqueurs et des vaincus, encore frémissants l'un devant l'autre cent vingt ans après la conquête; il avait coloré en poète une scène du long drame que je travaillais à construire avec la patience de l'historien. Ce qu'il y avait de réel au fond de son œuvre, les caractères généraux de l'époque où se trouvait placée l'action fictive et où figurent les personnages du roman, l'aspect politique du pays, les mœurs diverses et les relations mutuelles des classes d'hommes, tout était d'accord avec les lignes du plan qui s'ébauchait alors dans mon esprit. Je l'avoue, au milieu des doutes qui accompagnent tout travail consciencieux, mon ardeur et ma confiance furent doublées par l'espèce de sanction indirecte qu'un de mes aperçus favoris recevait de l'*homme que je regarde comme le plus grand maître qu'il y ait jamais eu en fait de divination historique.* »

L'autorité du romancier auquel un pareil hommage était rendu allait s'établir dans tous les sens et l'on a pu dire que c'est chez lui que nous avons tous appris l'histoire ; Michelet comme Victor Hugo, Stendhal comme Guizot, Vitet, Barante, Mérimée, Vigny et Fauriel sont ses tributaires. Maintenant je laisse à penser si Dumas lui doit quelque chose.

C'est toujours bon signe quand le goût de l'histoire se propage : une nation qui croit à son avenir aime à connaître son passé, et, s'il est vrai que notre siècle soit le siècle de l'histoire, il devait être en même temps le siècle du roman historique et du drame historique ; car le peuple ne lit pas les gros livres, il veut des sources plus attrayantes d'informations, semblable à ces enfants qu'on allèche au breuvage salutaire en en déguisant l'amertume. Une littérature est le produit de conditions qu'il ne faut point perdre de vue quand il s'agit de l'apprécier, et, de même que le xviiie siècle sentimental et romanesque eut *la Nouvelle Héloïse* et *Manon Lescaut*, de même que l'avènement d'une période scientifique nous vaut à cette heure le roman « expérimental », que les adeptes du naturalisme placent si joyeusement sous l'invocation de Claude Bernard, ainsi, de toutes parts, l'école romantique se mit à construire sur le sol historique.

Nous parlerons ailleurs de *Cinq-Mars*. Bien plus directement encore que le livre d'Alfred de Vigny, la *Notre-Dame* de Victor Hugo se rattache à la théorie de Scott. Remarquons pourtant cette différence que, chez l'écrivain écossais, l'action et les personnages occupent toujours le devant de la scène, tandis que, chez l'auteur français, la question archéologique prédomine. Le sujet ici n'est ni Esméralda, ni Phœbus, ni Quasimodo ; le sujet, l'intérêt, c'est le vieux Paris du xve siècle. Le poète parcourt sa cathédrale, il en fouille les coins et recoins ; planté là de l'aube au clair de lune, il se demande, en variant à l'infini sur les vitraux la gamme de ses couleurs, quelles figures et quels costumes s'amalgameront le mieux avec tels effets de lumière, quels groupes et quelles scènes seront le plus propres à s'enlever sur le fond pittoresque, à résumer, à symboliser l'antique édifice. Ainsi naîtront et se formeront les figures du Sonneur et de l'Archidiacre, comparables aux sculptures du portail et du chœur, à ces arabesques — dragons, roses et scarabées — s'enroulant autour des arceaux et qui ne sont que vaine poussière, dès que vous les séparez du massif de pierre où, comme le lierre, elles s'attachent. Inadmissibles au point de vue de la vérité historique, les personnages de *Notre-Dame de Paris* sont tout de suite justifiés dès que vous les envisagez comme des bas-reliefs. Walter Scott a cet avantage de n'être pas simplement un antiquaire. Après avoir relu *Notre-Dame de Paris*, prenez *Quentin Durward*, qui, sur bien des points, a dû servir de modèle à Victor Hugo, et vous saisirez partout le coup d'œil de l'homme d'imagination, grand amateur des chroniques, mais les compulsant beaucoup moins pour en extraire des conceptions fantasmagoriques et des idéalités monstrueuses que pour rendre compréhensibles au présent les caractères du passé. Assurément la poésie a ses droits sur l'histoire; mais il y a méthode et méthode, et c'est là-dessus qu'il s'agit de s'entendre. Que Shakspeare ait affaire à Coriolan, à César, à Cléopâtre, qu'il s'occupe du roi Lear, d'Othello ou de Cymbeline, la légende lui suffit. Il prend la donnée populaire et part de là; sans penser à caractériser des temps dont les mœurs et la civilisation pourraient ne pas être celles de son époque, il laisse ces mœurs et cette civilisation se dégager des passions diverses qu'il met en jeu, se contentant d'observer la nature humaine dans les mouvements et les phénomènes de son propre siècle et ne se servant que de ce qu'il a sous la main. Qu'un tel procédé réussisse toujours à faire marcher d'accord le drame et l'histoire, je n'oserais en répondre, et je ne conseillerais à personne de s'y conformer ; car Shakspeare, qui l'emploie, est un sorcier, et ce qu'il ignore il le devine. Autre chose est de s'appliquer à reconstituer une époque comme Goethe a fait pour *Goetz de Berlichingen*, qui (soit dit en passant) a précédé *Quentin Durward* comme à son tour *Quentin Durward* avait précédé *Cinq-Mars* et *Notre-Dame de Paris*.

Le vent souffle du côté de l'histoire, va pour l'histoire ! — « Thierry ne puis, Barante ne daigne, Dumas suis ! »

Mettre en quatrains l'histoire de France était une de ces drôleries qui passent en proverbe, la découper en récits dramatiques valait mieux. Vitet avait d'ailleurs de vrais chefs-d'œuvre dans ce genre : *les Barricades* (1829), *la Mort de Guise* (1827), *la Mort de Henri III* (1829), sont des modèles qui, joints aux scènes féodales que Mérimée imprimait en 1828 sous le titre de *la Jacquerie*, devaient naturellement exercer une grande influence. Pour être juste et ne laisser en dehors aucun mérite, il faudrait aussi — point à côté, mais bien au-dessous de ces deux illustres — citer le nom d'un écrivain tout à fait oublié et qui pourtant eut son quart d'heure de vogue. Je veux parler du bibliophile Jacob, l'auteur du *Roi des Ribauds*, de *la Folle d'Orléans*, de *Rabelais*, d'une histoire du XVIe siècle et d'une histoire de Soissons rédigée et documentée en collaboration de M. Henri Martin.

Cette immense foire au moyen âge, si courue alors et si abondante en produits variés, n'eut pas de fournisseur plus assidu. C'était une bibliothèque vivante, un palimpseste ambulant ; il connaissait à fond les vieux burgs, les manoirs et les abbayes, vous nommait au passage chaque moine de la procession et figurait dans tous les carrousels. On n'imagine pas un guide plus expert, un plus imperturbable *reporter* du bon vieux temps.

Il vous promenait au Louvre, à la Sorbonne, jusque chez les truands, remontant le cours des siècles, revivant les âges écoulés, au point de se combiner lui-même avec leurs éléments et d'y faire dissoudre sa propre personnalité comme dans une analyse chimique. Car il en était arrivé à troquer la langue du présent contre celle du passé, qu'il parlait, non point en simple dilettante comme le Balzac des *Contes drolatiques*, mais en grammairien raffiné, en impeccable observateur des nuances ; toujours au fait et sur ses gardes quand il s'agit de ne pas confondre un tour de phrase du temps de Charles IX ou de Henri IV avec le français du règne de Louis XII.

OEuvre de patience, chinoiserie et travail de fourmi, qui vous dénoncent jusqu'en leurs abus ces tendances historiques du moment ! Il nous plaît aujourd'hui d'être informés sur l'atavisme des Rougon-Macquart, les générations de 1824 à 1835 avaient d'autres visées. En conclurons-nous à leur déchéance ? assurément non ; car ce serait justifier d'avance les jugements des hommes de 1924 à 1937 qui, selon toute apparence, prendront à leur tour en dérision notre pseudo-physiologie, alors démodée. Soyons donc plus modestes, songeons que, si le « document humain » varie, l'homme reste le même avec son insatiable soif de nouveauté.

L'archaïsme bientôt s'en mêla, et aussi la mystification. Les *Chants illyriens* de Mérimée, son prétendu Théâtre de Clara Gazul, comédienne espagnole, ne furent pas les seules invites auxquelles le public se laissa prendre ; il y eut bien d'autres inventions apocryphes du même genre : les poésies de Clotilde de Surville, dont tout un monde curieux de moyen âge s'éprit follement, jusqu'au jour où Charles Nodier d'abord, puis Raynouard et Villemain, eurent éventé la supercherie. *Goetz de Berlichingen*, *Ivanhoe*, *Quentin Durward* existaient, les travaux d'Augustin Thierry, de Michelet, de Guizot, de Fauriel avaient préparé la voie, partout la bonne terre de culture, l'humus recouvrait notre sol ; le roman et le drame historiques pouvaient naître.

II

Dumas, on le sait, avait toutes les audaces. A peine au sortir de ses premiers succès au théâtre, nous le voyons mettre le siège devant l'histoire. J'entends sur l'histoire absolue, l'histoire des historiens, et le voilà d'emblée qui tend la main à Thierry et à Guizot, comme il l'avait tendue à Corneille la veille au soir. « Père, nous t'admirons, mais nous ne te comprenons pas », disait jadis à saint Jean Chrysostome une bonne femme d'Antioche. Tel fut à peu près l'accueil que reçut *Gaule et France* de la part de cette jeunesse, dont *Henri III* et *Christine* échauffaient passionnément l'imagination. Passe pour la chronique et les scènes de la vie anecdotique. Froissart, Monstrelet, Juvénal des Ursins,

Brantôme, à merveille ! mais de la science et de la critique, des systèmes à préface ! quelle idée, quand on avait là, ouvert sur la table, ce récent chef-d'œuvre intitulé: *Histoire de la conquête de l'Angleterre par les Normands !* A l'homme d'études d'approfondir l'organisme de l'histoire, à l'artiste d'en extraire les événements et de les revêtir à nos yeux des brillantes couleurs de la vie.

Il y a pourtant dans *Gaule et France* un passage qu'il faut retenir et sauver de l'oubli [1].

Dumas s'était donc simplement trompé de porte.

Il heurtait chez Augustin Thierry, quand c'était avec Barante qu'il avait affaire. L'erreur pouvait se réparer. L'*Histoire des ducs de Bourgogne* avait poussé jusqu'à leurs extrêmes limites les qualités et les défauts de l'école narrative. On sait quel charme singulier l'érudition, trop souvent ailleurs source d'ennui, prête à ce livre. Il semble ici que l'auteur soit le contemporain des faits qu'il raconte, ses héros se meuvent et dialoguent au premier plan, tandis que, derrière eux, lui s'efface et disparaît, laissant les événements se succéder et le lecteur les commenter à sa manière ; vous causez avec Hyon, Pierre Dubois, Jacques Arteweld, comme avec des personnages de Walter Scott ; la Croisade des chevaliers français à travers la Hongrie est un morceau achevé de description pittoresque, là

---

1. Voir à l'appendice : lettre A.

2.

bataille de Nicopolis un panorama vivant, et la mort de Raoul de Coucy tout ce qui se peut voir de sentimental et d'intéressant. Après cela, il n'y avait plus que le roman : ce que Dumas comprit, mais seulement point tout de suite, je suppose ; car le volume de *Gaule et France* marque une période d'hésitation. Nul ne renonce à faire montre de sa science, si peu qu'il en possède; le Dumas de 1834, effervescent et volcanique, avait déjà beaucoup lu, parcouru, deviné ; rien ne l'empêchait de croire aussi de ce côté à quelque vocation ; heureusement l'expérience tourna court : il en fut pour son étalage et revint bientôt à la vérité de sa situation, après s'être donné le plaisir d'exposer ses idées sur l'histoire dans une introduction bien systématique et pragmatique, comme on les rédigeait alors, et d'écrire, comme c'était la mode, Méro-Weg au lieu de Mérovée, et Lud-wig, Karl et Lod-her, en place de Louis, de Charles et de Lothaire. Les plus courtes folies sont les meilleures ; celle-ci ne dura qu'un moment. Dumas avait compris que, si les mots barbares et baroques ne constituent pas un fond de magasin, il est, en fait d'histoire, tels dons de nature qui, gouvernés habilement, peuvent aboutir. La philosophie de l'histoire n'est pas toute l'histoire ; elle n'en est pour ainsi dire que l'anatomie ; le passé, lui aussi, n'a-t-il pas vécu de la vie du présent? n'a-t-il pas eu ses mœurs, son caractère, sa physionomie diverse et distincte?

J'ai parlé de l'*Histoire des ducs de Bourgogne*; prenons les *Récits mérovingiens*. Quoi de plus animé du souffle du moyen âge, de plus dramatique et de plus monté en couleur ? Et, puisque l'histoire peut, de la sorte, empiéter sur le domaine de l'artiste, qui défendra que l'artiste aille ensuite, à sa convenance, labourer, ensemencer, cultiver et même ravager les champs de l'histoire ? Dumas ne s'en fit point faute et bien lui en prit, car c'est à cette verte et libre allure que nous devons tout un ensemble de littérature. Balzac intitulait son œuvre : *la Comédie humaine*; avec Dumas, nous aurons, s'il vous plaît, la Comédie historique : notre histoire tout entière chronologiquement racontée et mise en scène, depuis les temps mérovingiens jusqu'à nos jours, sans compter maintes excursions à l'étranger.

Isabel de Bavière fut son premier essai dans ce genre mixte et peut-être le meilleur. Compilation de Froissart, de Juvénal des Ursins et de Barante, j'y souscris; mais cette compilation, il n'y avait qu'un Dumas pour la faire.

Le règne de Charles VI — règne de folie et de désastres — se déroule devant nous comme sur un théâtre; les personnages richement campés dans leur superbe et leur scélératesse féodales; l'assassinat de la rue Barbette ayant, à dix ans de distance, sa revanche et son épilogue dans la tragédie du pont de Montereau ; les scènes de chevalerie et de tumulte populaire, les exploits de guerre et d'alcôve; les dissensions, les lâchetés, les trahisons, l'invasion, tout cela vivant, palpitant, criant vengeance; la jeunesse et l'émotion débordent; l'histoire donne tant cette fois, il y a tant de sang et de larmes, tant de convulsions et de pitié du beau royaume de France, dans ce règne qui passe entre deux apparitions surnaturelles : — celle du vieillard de la forêt du Mans, celle de la jeune bergère de Domrémy, — que la fiction n'a pas besoin de s'en mêler; tout au plus intervient-elle épisodiquement en manière d'arabesques marginales : l'aventure du Sire de Giac, par exemple, une inspiration diabolique renouvelée de la ballade de *Lénore* et si dramatiquement appropriée à ce cadre.

Le Sire de Giac parut séparément, en 1835, dans la *Revue des Deux Mondes* [1]. La vibration, entre poètes, peintres et musiciens, était alors si rapide, qu'une réplique proposée par l'un était à l'instant saisie par l'autre. On ne laissait pas à une idée le temps de se refroidir : Niedermeyer mettait en musique *la Ronde du Sabbat*, que déjà Boulanger avait mise en peinture. A peine publié, *le Sire de Giac* devenait une aquarelle de ce même Louis Boulanger, le grand opérateur en ce genre de transposition. Longtemps on a pu voir, dans le bureau de la *Revue*, ce très curieux spécimen d'une organisation

[1] Voir aux notes cette première version d'un épisode resté célèbre.

déliée et sensible aux diverses expressions de l'art, comme il y en avait bon nombre à cette époque. Le temps est tout à l'histoire ; chacun porte en soi le mystérieux pressentiment des grands événements qui se préparent, et, par trouble et souci de l'avenir, on interroge le passé. Les tendances seront diverses, mais les résultats identiques : en politique, l'école doctrinaire ; en philosophie, l'éclectisme; en littérature, le roman et le drame historiques. De Chateaubriand datera cette filiation ; le sixième chant des *Martyrs*, où la dissolution du monde antique et l'avènement de l'ère nouvelle sont mis en présence, marquera le point de départ, et, tout de suite, le réveil littéraire éclatera. Autres temps, autres mœurs, autre littérature aussi. Une époque où Grégoire de Tours se pouvait traduire en style d'opérette, où le barbare Childéric était « un prince à grandes aventures, l'homme le mieux fait de son royaume, mais s'abandonnant trop à l'amour qui fut la cause de sa perte », devait naturellement produire des romans historiques tels que ceux de madame de Genlis, de madame Cottin, de madame de Souza, et voir fleurir, dans ses parterres émaillés, les *Claire d'Albe*, les *Chevaliers du Cygne ou la Cour de Charlemagne*, les *Mademoiselle de Tournon*, les *Malek-Adel*, et la *Duchesse de Guise ou l'Intérieur d'une famille illustre dans le temps de la Ligue*. Tout se tient, et pour que *Cinq-Mars* et *Notre-Dame de Paris*, pour que les drames de Vitet, de Mérimée et de Dumas vinssent au monde, il fallait que ce fameux sixième chant des *Martyrs* et certains chefs-d'œuvre de Scott eussent d'abord agi sur l'imagination rationaliste et descriptive d'un Augustin Thierry; il fallait que les Guizot, les Villemain, les Cousin eussent mis en honneur les hautes études, doublement aidés et soutenus par le goût du public et, disons-le aussi, par l'esprit de la Restauration, qui put croire un moment que le retour vers le passé féodal serait un contrepoids au libéralisme moderne.

III

Dumas, qui fut pour notre histoire un vulgarisateur de génie, n'a rien de l'archéologue. Où son instinct le pousse, il se porte: valeureux, chaleureux, prime-sautier.

Dumas historien !

J'aperçois d'ici les savants de cabinet s'égayant : « Montrez d'abord votre patente, et nous discuterons après. » Car, nous autres, gens nés tout exprès pour la liberté, nous sommes ainsi faits, qu'il nous faut toujours en référer à une autorité quelconque, jusque dans les choses où le souffle de la liberté devrait nous animer le plus. Pareille mésaventure advint à Nodier, quand il s'avisa de publier son *Examen critique des dictionnaires* et ses *Notions élémentaires de linguistique*, œuvres charmantes d'un esprit sans gêne et tout rempli d'érudition, mais condamnées d'avance par cette ironie du destin qui pèse impitoyablement sur nos mœurs.

— Êtes-vous d'une commission du gouvernement? Êtes-vous de l'Académie? Êtes-vous grammairien du roi? Non, que je sache. Eh bien, alors, de quoi vous mêlez-vous?

Charles Nodier, tout en restant en dehors de la critique officielle, a rendu ainsi bien des services, dont les romantiques, plus encore que lui-même, auront profité; car le théoricien et l'artiste n'allaient point en lui d'un pas égal, l'un beaucoup plus paradoxal que l'autre qui, sans désavouer aucun excès, n'en commit pas, et, comme Courier et Béranger, se contenta de côtoyer, de manœuvrer entre les deux camps. Aujourd'hui que les questions de linguistique redeviennent à la mode, il serait bon de consulter souvent Nodier et d'extraire de son trésor nombre de vieux mots un peu rouillés par le temps et qui ne demanderaient qu'à reluire.

— Vous êtes donc archéologue, vous aussi? demandait à Dumas un amateur de curiosités.

— Moi, répondit-il, je ne suis absolument rien.

— Cependant, à la première vue, vous avez reconnu que cette statuette était un buste de César.

— Il n'y a pas là une grande malice. César est un type romain, et, d'ailleurs, je connais César aussi bien que beaucoup de gens et même mieux.

— A quel titre ?

— Mais comme historien de César.

— Vous avez fait une histoire de César ?

— Oui.

— Vous ?

— Pourquoi pas moi ?

— Excusez ! c'est que, comme on n'en a point parlé dans le monde savant...

— Oh ! le monde savant ne parle jamais de moi.

— Une histoire de César doit cependant faire une certaine sensation.

— La mienne n'en a fait aucune ; on l'a lue, voilà tout. Ce sont les histoires illisibles qui font sensation ; c'est comme les dîners qu'on ne digère pas ; les dîners que l'on digère, on n'y pense plus le lendemain.

Maintenant, revenons à ses drames.

III

Christine à Fontainebleau. — Henri III.

I

Dumas, parlant de ses commencements, nous raconte que, après Shakspeare, Goethe et Schiller furent sa principale étude et sa grande prédilection. On s'en aperçoit de reste aux réminiscences d'*Egmont* et de *Wallenstein* partout présentes dans *Christine*. Le Corse Sentinelli s'y fait un devoir d'emprunter mot pour mot ses monologues au duc d'Albe, et la scène capitale entre Monaldeschi et Sentinelli n'est que la répétition, l'adaptation de la scène entre Devereux et Macdonald dans *Wallenstein*. Faut-il crier au plagiat ?

A Dieu ne plaise !

On était dans le coup de feu d'une reconstitution universelle, et les matériaux, de quelque part qu'ils vinssent, pourvu qu'ils eussent le mérite de la nouveauté, servaient à l'œuvre. Reprocherons-nous à Dumas d'avoir pris à Goethe et à Schiller tels motifs importants de sa pièce quand Dumas ne s'est jamais plaint de ceux qui l'ont, à son tour, détroussé ? *Marie Tudor* n'est pas autre chose qu'un *rifacimento* littéral de *Christine* ; la reproduction est même identique à ce point que les personnages se font vis-à-vis : la reine d'Angleterre et la reine de Suède, toutes deux les poings sur la hanche, se mesurant et s'affrontant ; Lady Jane regardant Paula, et Fabiano-Fabiani tirant sa révérence à Monaldeschi. Voyons-nous que l'auteur de *Christine* ait accusé de plagiat l'auteur de *Marie Tudor ?* Dumas n'eut à cette occasion qu'un regret et n'en voulut à Victor Hugo que de la poétique malencontreuse et triviale de son mélodrame qui remettait en discussion tous les avantages de la campagne qu'on menait en commun.

— Comment diable avez-vous pu faire de Marie Tudor, hydropique et archicatholique, cette espèce de courtisane éhontée ?

— Avec cela, répondait Hugo, que vous vous êtes gêné, vous, pour violer Christine !

Et Dumas terminait la querelle par un mot devenu proverbe :

— Quand je la viole, moi, je lui fais un enfant !

L'enfant a-t-il vécu ? Vit-il encore ? Question

douteuse ; l'intrigue pèche par défaut de continuité, la tragédie se dérobe sous deux ou trois scènes vraiment tragiques. Les personnages n'ont aucun attrait, nul ne vous intéresse : Monaldeschi est le plus méprisable des aventuriers ; sa maîtresse Paula, qui le suit partout déguisée en page, ne nous représente qu'une de ces figures de Scott ou de Byron si chères aux *Keepsakes* du temps ; quant à Christine, on s'aperçoit, en effet, que l'auteur s'est appliqué au portrait, totalisant la somme des qualités extraordinairement contradictoires de la royale virago, mais sans réussir à mettre de l'ordre dans sa balance. Cette reine et son favori, sur qui repose tout le drame, n'ont pas une seule scène pathétique ; l'ironie de Christine, ses airs insultants, commencent dès le prologue ; Monaldeschi trahit tout le monde et n'a pas même de courage devant la mort.

Introduire sur notre scène la lâcheté, chercher un moyen dramatique dans l'exploitation du plus vil des instincts de l'homme, était un coup d'audace à tenter Dumas. Avant lui, un poète allemand — Henri de Kleist, dans le *Prince de Hombourg*, — avait joué cette partie et l'avait gagnée.

Il est vrai que Henri de Kleist y met un art d'insinuation tout particulier et que son lâche, à lui, est un héros, le vainqueur de la bataille de Fahrbelin, jugé par le conseil de guerre et condamné pour s'être battu en transgressant les ordres de l'Électeur. Sa défaillance n'a, du reste, qu'un instant et se produit simplement à l'état pathologique, à la vue des apprêts du supplice. Le public informé, préparé d'avance, sait qu'il assiste au phénomène involontaire d'un organisme hypernerveux, et cet accès de terreur, presque aussitôt surmonté, amène un effet qui touche au sublime. Le Dumas de cette période, tout emportement et furie, génial, incorrect, ne connaissant que les surfaces, n'avait pas de ces intuitions analytiques. C'est assez pour lui d'obéir à sa fougue naturelle, d'écouter son démon, déjà présent, qui lui dicte à travers mille incohérences des scènes dignes de Schiller, des vers d'un éclat foudroyant, tels que celui par lequel le drame se termine et se couronne :

Eh bien, j'en ai pitié, mon père... Qu'on l'achève!...

II

Henri III, dont le succès marque une date, n'est pourtant rien moins qu'un progrès sur *Christine*. Cela manque à la fois d'information historique et de littérature ; le talent même du théâtre, cette signature caractéristique de l'auteur, ne se montre qu'à de rares intervalles et comme atténué par l'imitation des modèles étrangers. Fallait-il que notre art dramatique eût assez dégénéré pour qu'une œuvre si incomplète fût aussitôt portée aux nues !

Relisez, à ce propos, les *Mémoires* d'Alexandre Dumas, qui sont bien l'expression la plus vivante, la plus pittoresque et la plus amusante de cette époque, et vous y trouverez nombre de figures humoristiques crayonnées d'un trait, entre autres cet excellent M. Deviolaine. Impossible d'imaginer un type de bureaucrate mieux réussi et plus *naturé* que ce brave homme de bourru bienfaisant, qui ne saurait admettre qu'un polisson dont il a connu les père et mère s'avise d'écrire des drames et prétende les faire jouer au Théâtre-Français !

« La nouvelle circulait de corridor en corridor et d'étage en étage; c'étaient, de bureaux à bureaux, des allées et des venues comme si madame la duchesse d'Orléans fût accouchée de deux jumeaux. Je reçus des compliments de tous mes collègues, les uns sincères, les autres goguenards. M. Deviolaine arriva à deux heures ; à deux heures cinq minutes, il m'envoyait chercher. J'entrai chez lui le nez en l'air, la main sur la hanche.

» — Ah ! te voilà, farceur, me dit-il ; mais tu n'as donc pas vu qu'ils se moquaient de toi ?

» — Qui cela ?

» — Les comédiens.

» — En attendant, ils ont reçu ma pièce.

» — Oui, mais ils ne la joueront pas.

» — Ah ! par exemple !

» — Et puis, quand ils la joueraient ta pièce...

» — Eh bien ?

» — Il faudra encore qu'elle plaise au public.

» — Pourquoi voulez-vous qu'elle ne plaise pas au public, puisqu'elle a plu aux comédiens ?

» — Allons donc, tu vas me faire accroire que toi, avec ton éducation à trois francs par mois, tu réussiras, quand des gens comme M. Viennet, comme M. Lemercier, comme M. Lebrun, tombent à plat?... Allons donc ! »

Ces trois francs d'éducation par mois nous ramènent à *Henri III*. Dumas, à ce moment si décisif, ne savait rien. Il arrivait au combat sans munitions, ayant jusqu'alors brûlé sa poudre aux moineaux dans les bois de Villers-Cotterets.

« Comment tout ce que j'entrevoyais et dont l'étude était pour moi d'une absolue nécessité, comment tout cela tiendrait-il dans ma pauvre tête sans la faire éclater ? Hélas ! j'étudierais donc toute ma vie ? et, si j'eusse étudié à l'âge des autres, je n'aurais donc plus rien à faire qu'à produire?... »

Il s'agissait maintenant d'aller braconner sur les terres de la science. *Henri III* se ressent de la chose ; tout y est à la diable. L'auteur trouve son sujet par hasard en ouvrant un volume d'Anquetil, qui dormait dépareillé au fond d'une armoire ; et c'est un de ses amis qui lui conseille de profiter de cette occasion pour lire le Journal de l'Estoile : travail fortuit et précipité, dont l'ouvrage entier porte l'empreinte. Les acteurs se commentent eux-mêmes ; Catherine de Médicis se raconte le plus ingénument du monde à Ruggieri, son astrologue :

« Aurais-je donc abâtardi son cœur à force de voluptés, éteint sa raison par des pratiques superstitieuses, pour qu'un autre que moi s'emparât de son esprit et le dirigeât à son gré? Non, je lui ai

donné un caractère factice pour que ce caractère m'appartînt ; tous les calculs de ma politique, toutes les ressources de mon imagination ont tendu là ; il fallait rester régente de France, quoique la France eût un roi ; il fallait qu'on pût dire un jour : « Henri III a régné sous Catherine de Mé-
» dicis. »

Dirons-nous, à notre tour, que c'est l'enfance de l'art ? C'est tout simplement l'enfance de l'artiste, du grand artiste qui s'essaye et qui tantôt, après s'être amusé un bout de temps, après avoir usé, abusé, trafiqué de toutes les monnaies courantes, de tous les jurons et de toutes les apostrophes à la mode de 1830, va se révéler brusquement, brutalement, aux trois derniers actes.

Oui, certes, Ludovic Vitet connaît mieux son histoire ; oui, *les Barricades*, *les États de Blois*, *la Mort de Henri III* sont des témoignages bien autrement sérieux des tendances alors régnantes ; mais songez qu'ici nous sommes au théâtre, et que l'histoire dialoguée n'est pas le drame historique. D'ailleurs, Dumas sent ce qui lui fait défaut, et il se complètera coûte que coûte :

« C'était effrayant de ne rien savoir à trente ans de ce que les hommes savent à douze ! L'étude du théâtre m'avait pris cinq ou six ans ; combien de temps allait me prendre l'étude de l'histoire ? »

Toujours est-il qu'il avait fini par le savoir. Nous connaissons l'influence instantanée, presque magique, que le roman d'*Ivanhoe* exerça sur Augustin Thierry ; curieux spectacle de voir l'*Histoire de la Conquête des Normands* agir de même sur ce romancier et ce dramaturge :

« Je lus, je me trompe, je ne lus pas, je dévorai le merveilleux travail de l'auteur de la *Conquête des Normands* sur les rois de la première race, puis ces espèces de scènes historiques intitulées *Récits mérovingiens*. Alors, sans même avoir besoin d'ouvrir Chateaubriand, tous les spectres de ces rois debout au seuil de la Monarchie m'apparurent à partir du moment qu'ils s'étaient faits visibles aux yeux du savant chroniqueur... »

III

A ceux qui voudront bien, comme nous, s'imposer la tâche de parcourir l'œuvre immense de Dumas et de s'y promener dans tous les sens, nous promettons une quantité d'intéressantes découvertes. Dumas est *populaire*, il n'est pas *connu*. Son genre de vie, ici et là quelques méchants volumes qu'il eût mieux fait de ne pas écrire, ont beaucoup nui à sa considération littéraire. On le prend généralement pour un simple amuseur, et cependant, tout comme un autre et plus qu'un autre, il a ses heures d'élévation et de philosophie.

Mais le charme est surtout d'assister à l'effort progressif de ce talent. Comparez, par exemple, la Catherine de Médicis et le Henri III de ce premier drame avec la Catherine de *la Reine Margot* et le Henri III de *la Dame de Montsoreau :* quelle différence dans le ton, le contour, la couleur des portraits! Non que les types aient abdiqué tout à fait cette physionomie conventionnelle qu'un metteur en scène tel que Dumas leur devait imprimer de parti pris ; mais que tout cela est plus vivant, plus étoffé, et comme vous sentez déjà mieux, sous le costume, l'anatomie du corps humain! Ce vulgarisateur, qui semble n'avoir écrit que pour les cabinets de lecture, aurait ainsi, plus qu'on ne croit, fait œuvre de bibliothèque... L'unité de ces innombrables volumes, nous saurions où la découvrir. L'esprit de suite est manifeste ; une conception en commande une autre à distance ; *Isabel de Bavière* contient déjà les matériaux qui serviront un jour à construire *la Tour de Nesle* et *la Reine Margot,* de même que *la Dame de Montsoreau* est dans *Henri III.*

IV

CHARLES VII chez ses grands vassaux.

I

Peu de gens ont lu la *Jeanne d'Arc* de Schiller, et moins encore la liront désormais, pour des raisons où je n'ai pas besoin d'insister. Il nous gêne de voir traiter par un Allemand la plus illustre et la plus sacrée de nos chroniques nationales. On m'objectera que la *Jeanne d'Arc* de Schiller est une féerie. A ce titre seul, pourrions-nous l'aborder? Voilà donc la Pucelle d'Orléans travestie en une amazone de la *Jérusalem* du Tasse, bataillant et se démenant de toutes les façons, querelleuse, furieuse et... amoureuse. Après avoir tué Mongomery dans une lutte corps à corps, elle s'élance, l'épée haute, sur le chevalier Lionel, dont le casque, sous le choc, jaillit en éclats, et ce lui est assez d'apercevoir les traits de son jeune et brillant adversaire pour tomber pâmée du mal d'aimer. Alors sa damnation commence ; à ces *voix* qui venaient du ciel succèdent les voix de la passion, qui viennent de l'enfer : comme elle fut naguère possédée de Dieu, elle se sent désormais possédée du démon ; après l'illuminisme, le sortilège, et, pour que personne n'ignore la confusion de sa pauvre âme et de son pauvre esprit, elle se dénonce elle-même. C'est d'abord Agnès Sorel qui reçoit sa confidence, puis le roi, puis ses sœurs, puis tout le monde ; si bien que, chassée, honnie et mise au ban, l'infortunée erre à travers bois pendant l'orage et ne trouve d'abri que dans une hutte de charbonniers, d'où presque aussitôt elle est expulsée ; car le fils, qui revient du camp, la reconnaît. « Chère mère, que faites-vous ? à qui donnez-vous l'hospitalité ? C'est la sorcière d'Orléans ! » N'admirez-vous pas la pente tout allemande que prend ici la chronique française ? On songe involontairement à *Geneviève de Brabant*, aux contes des frères Grimm ; vous nagez en plein romantisme germanique ; du procès de Rouen, pas un mot, rien du bûcher. Tombée aux mains d'Isabeau de Bavière, qui, elle aussi, bat la campagne en Bellone casquée et cuirassée, notre héroïne est enfermée dans la tour du Nord ; du haut de sa bastille, elle assiste au combat qui se poursuit dans la plaine avec des fortunes diverses : tantôt c'est le Léopard qui l'emporte et tantôt c'est la bannière aux fleurs de lis. Tout à coup cependant le parti de France ploie, le roi est menacé, les lances bourguignonnes déjà l'enveloppent; pauvre Jeanne ! affolée à l'idée que ton gentil seigneur va devenir le prisonnier des Anglais, comment t'y prendras-tu pour le tirer de ce nouveau pas ? Elle invoque ses saintes, rompt ses liens et se précipite par la fenêtre du donjon. Qu'est-ce après tout que cent coudées, quand l'aile des anges vous soutient? Ainsi rendue par miracle à la liberté, la Pucelle, sa hache en main, se rue au plus fort de la mêlée et reçoit le coup mortel en dégageant son roi. Jeanne meurt sur le champ de victoire, et, tandis que les drapeaux s'inclinent au-dessus d'elle, le ciel lui ouvre ses portes d'or, et des légions de séraphins, chantant et semant des fleurs, sillonnent les airs à sa rencontre. Vous voyez d'ici l'apothéose.

Tout cela, au point de vue de l'histoire, est simplement absurde, et cependant cette féerie :— car, je le répète, c'en est une, — nous montre de temps à autre, par éclairs, un poète de génie. La scène de Jeanne avec le chevalier noir dénonce un maître. — A l'horizon se dresse la cathédrale de Reims, que le soleil empourpre d'un nimbe de feu, et, dans la campagne, où l'on se bat, la Pucelle d'Orléans s'est égarée à la poursuite d'un chevalier mystérieux dont le sinistre aspect l'intrigue et l'épouvante. Elle le somme de lever sa visière et de croiser le fer bravement : l'Inconnu ne répond que par des paroles brèves et prophétiques. Irritée, elle s'élance sur lui et le traverse de son épée, lorsque soudain, au bruit du tonnerre, le spectre se fond dans les vapeurs du soir et disparaît. Ce chevalier noir, c'est le destin, le propre destin de la vierge guerrière, qui vient l'avertir au moment suprême : « Jeanne d'Arc, jusqu'aux murs de Reims, la victoire t'a portée sur ses ailes ; que ta renommée te suffise, congédie la fortune qui t'a suivie en esclave, avant que, frémissante du joug, elle s'affranchisse d'elle-même ! » Que dire aussi ou plutôt que ne pas dire du caractère de Talbot, ce chef militaire, ce tacticien éprouvé, ce penseur, placé là comme antithèse au surnaturalisme ? Vaincu par un idéal dont le sens lui échappe, il se fait noblement tuer quand il voit ses soldats s'enfuir éperdus devant ce qu'il appelle « une œuvre de pure jonglerie », et meurt en stoïcien, seul, sous un arbre de la forêt, l'amertume au cœur et le blasphème à la bouche : « O monde, reprends ces atomes un moment réunis pour la joie et pour la souffrance ! »

L'œuvre de Schiller étincelle de beautés, même à ne point parler de la partie lyrique, admirable en tout état de cause ; les adieux de Jeanne d'Arc au sol natal, les stances désolées qui s'exhalent de son âme après la défaillance, tout cela compte parmi les plus beaux vers de la muse moderne, — seulement ces beautés sont d'ordre *cosmopolite*, et, pour traiter un pareil sujet, l'inspiration pure et simple d'un grand poète ne suffit pas, il faut encore y joindre toutes les sympathies, toutes les flammes du sentiment *national* porté à sa suprême puissance. Mysticité, patriotisme, dans ces deux mots tient l'épopée de Jeanne d'Arc ; l'héroïne est une des plus complètes qu'il y ait jamais eu : grande par sa volonté, plus grande par ses actes et plus grande encore par son martyre, elle a le laurier et la palme ! Elle est de son pays et de son temps, elle en a l'âme, c'est la foi du moyen âge doublée d'un enthousiasme encore ignoré : le patriotisme. Le peuple des campagnes, plus près du sol, ressent ce que les classes supérieures ne ressentent pas ; nos guerres avec l'Anglais avaient eu jusqu'alors plutôt une physionomie chevaleresque ; ce fut Jeanne qui, la première, imprima le caractère national à ces passes d'armes féodales et qui, donnant au pays conscience de sa haine instinctive contre la domination étrangère, transforma ces luttes périodiques de chevaliers à chevaliers en une guerre populaire d'extermination. La nuit du moyen âge commençait à s'éclaircir un peu, un renouvellement secret dont sans doute les masses n'avaient aucun pressentiment s'annonçait déjà par certains signes. Saint François d'Assise au XIVe siècle, sainte Catherine de Sienne au XVe, avaient, comment dirai-je? assoupli, imprégné d'amour et de tendresse le vieux dogme inflexible et dur. La foi régnait partout, de plus en plus accrue, exaltée par les horreurs du temps : peste noire, massacres, invasions et fléaux de toute espèce. A ces époques, la plante humaine grandit à des proportions formidables ; dans le bien comme dans le mal, ses facultés se décuplent, la rêverie devient extase, un fluide mystérieux circule qui, selon les prédispositions de l'individu, va développer chez lui le *delirium tremens* de la politique ou tel état convulsionnaire se traduisant par des visions et par l'hallucination. Jeanne d'Arc est bien l'enfant du siècle : un système d'une susceptibilité nerveuse extraordinaire, une imagination inflammable et vibrante, la prédisposent à sa vocation; elle y croit et bientôt force les autres à croire en elle. Croire, être crue, de ce double courant résulte sa mission nécessairement surnaturelle pour les contemporains. « Œuvre du ciel et miracle ! » s'écrient ceux qu'elle sauve. « Œuvre de l'enfer et sorcellerie ! » hurlent ceux qu'elle frappe.

La pièce de Schiller avait dû frapper Dumas, qui s'en est souvenu dans *Charles VII*, comme d'une foule de détails dont il a fait ou cru faire son profit; car son adaptation impétueuse et presque irréfléchie ne va point sans quelque maladresse.

Et jugez ici combien, dans une œuvre d'art, ce que nous appelons le sujet importe peu et combien tout y dépend, non pas seulement d'une situation donnée, mais de la manière dont cette situation sera reprise et comprise, et de ce que l'auteur y mettra de son originalité caractéristique et de son style. Le sujet de *Charles VII* est à tout le monde : il appartient à Racine, à Goethe et disons aussi à Musset, qui, très spirituellement alors, et dans sa période d'enfant terrible, venait de le renouveler en le parodiant.

II

Un soir de lecture chez Nodier, Dumas voit arriver un poète qu'il ne connaissait pas, un jeune homme de taille ordinaire, mince, blond, avec des moustaches naissantes, de longs cheveux bouclés rejetés en touffe d'un côté de la tête, un habit vert très serré à la taille, un pantalon de couleur claire, affectant une grande désinvolture destinée peut-être à cacher une grande timidité réelle. C'était Alfred de Musset. Dans le cercle ordinaire de l'Arsenal, peu le connaissaient personnellement, peu de vue, peu même de nom. Il lut la *Camargo*, dont la dernière scène, si fort qu'elle s'en éloigne par la forme, est évidemment imitée de l'*Andromaque* de Racine :

HERMIONE

Tous vos retardements pour moi sont des refus.
Courez au temple ! Il faut immoler...

ORESTE

Qui ?

HERMIONE

Pyrrhus !

Chez les deux femmes, c'est la même passion : Hermione et la Camargo, la danseuse de l'Opéra et la princesse de Sparte parlent différemment, mais agissent de même. Il est vrai que toutes les deux ont pris exemple sur la Chimène du *Cid*, répondant à don Sanche prosterné devant elle :

... Tu me parles encore,
Exécrable assassin du héros que j'adore !

Il est vrai que Corneille avait emprunté cette scène à Guilhem de Castro, qui l'avait empruntée au *Romancero*.

Le jour où il écoutait cette lecture des *Marrons du feu*, Dumas avait, nous dit-il, depuis plus d'un an, une idée analogue en tête, laquelle idée lui était aussi venue d'une lecture de *Goetz de Berlichingen* : toujours cette même situation de la femme poussant l'homme qu'elle n'aime pas à tuer l'homme qu'elle aime, comme Chimène dans le *Cid*, comme Hermione dans *Andromaque*. Les quelques scènes de *Goetz*, endormies dans sa mémoire, ni le *Cid* ni *Andromaque* ne les eussent réveillées ; la poésie incorrecte, mais chaude, mais vivante, d'Alfred de Musset les galvanisa, et, à partir de ce moment, il leur fallut un emploi. « Vers le même temps, j'avais lu *Quentin Durward*, et la figure du Mograbin m'avait frappé ; j'avais pris en note quelques-unes de ses phrases pleines de poésie orientale. » Il avait lu aussi *Richard en Palestine* et pris également en note divers passages. Celui-ci, entre autres, qu'il a reproduit en très beaux vers :

« —Étranger, demande Saladin, combien d'hommes as-tu emmenés dans cette expédition guerrière ?

» —Par ma foi ! répond sir Kenneth, avec l'aide de mes amis et de mes parents, j'ai eu bien de la peine à fournir dix lances convenablement équipées ; ce qui peut former cinquante et quelques hommes, valets et écuyers compris.

» — Chrétien, j'ai ici cinq flèches dans mon carquois, toutes empennées des plumes d'un aigle. Lorsque j'envoie une de ces flèches vers mes tentes, mille guerriers montent à cheval ; si j'envoie la seconde, une force égale se met en route ; à l'aspect de ces cinq flèches, cinq mille hommes accourent à moi, et, si j'envoie mon arc, dix mille cavaliers ébranlent le désert. »

Ce qui, dûment utilisé, servira de texte au fameux couplet du Sarrazin Yaqoub :

> Car mon père, au Saïd, n'est point un chef vulgaire.
> Il a dans son carquois quatre flèches de guerre,
> Et, lorsqu'il tend son arc, et que, vers quatre buts,

Il le lance en signal à ses quatre tribus,
Chacune à lui fournir cent cavaliers fidèles
Met le temps que met l'aigle à déployer ses ailes.

Pris de la fantaisie d'écrire une manière de drame classique où la loi des trois unités fût observée, il était naturel que Dumas s'adressât à Racine, et, comme il fallait un ornement au tissu, on le demanda à Schiller, qui fournit généreusement l'épisode d'Agnès Sorel ramenant Charles VII au sentiment de sa dignité royale. N'importe, le simoun souffle là-dedans comme en pleins sables libyens, les belles scènes ne se comptent pas, ni les extravagances non plus. Voyons-en des exemples.

Le bédouin Yaqoub vit en esclave dans le château du comte de Savoisy, qui l'a capturé pendant la Croisade et ramené en Europe avec le gros de son butin. Là, ce fils du désert qui, sous le soleil natal, eût, selon toute apparence, été le moins compliqué des caractères, tourne au René, à l'Obermann, à l'Antony. Ombrageux, morne et solitaire, il rêve et déclame, étendu sur sa peau de tigre, et voit passer au loin des caravanes ou des chasses au lion, tandis qu'à ses côtés les archers boivent et ripaillent :

Je pris l'arc et les traits, et, tourné vers la terre,
Je suivis la lionne. Elle avait traversé
Le Nil; au même endroit qu'elle je le passai.
Elle avait au désert cru me cacher sa fuite.
J'entrai dans le désert, ardent à sa poursuite.
J'écoutai, retenant mon souffle; par moments,

On entendait au loin de sourds mugissements;
Vers eux, comme un serpent je me glissai dans l'ombre.
Sur mon chemin un antre ouvrait sa gueule sombre,
Et, dans ses profondeurs, j'aperçus sans effroi,
Deux yeux étincelants qui se fixaient sur moi.
Je n'avais plus besoin ni de bruit ni de trace,
Car, la lionne et moi, nous étions face à face...
Oh! ce fut un combat terrible et hasardeux,
Où l'homme et le lion rugissaient tous les deux...
Mais les rugissements de l'un d'eux s'éteignirent,
Puis du sang de l'un d'eux les sables se teignirent,
Et, quand revint le jour, il éclaira d'abord
Un enfant qui dormait auprès d'un lion mort.

Cependant Raymond, un des hommes d'armes du comte, celui-là justement qui fit prisonnier le Sarrazin, s'attaque à lui, insulté; Yaqoub se redresse terrible et l'égorge. Tout ce premier acte, où se dessine une scène presque déjà sentimentale entre la châtelaine délaissée et le jeune Africain, — tout ce premier acte est superbe. Suit la scène du jugement : le comte, du haut de son trône féodal, prononce l'arrêt de mort ; le roi intervient et de son droit souverain casse la sentence ; mais Yaqoub, las et dégoûté, refuse le bienfait qu'on lui offre :

LE COMTE.

Par saint Charles, plutôt qu'en cette insouciance,
J'aimerais mieux te voir mourir en ta croyance.

YAQOUB.

Ma croyance ! en ai-je une? Et qui peut m'indiquer
A quel dieu je dois croire afin de l'invoquer?
Tu m'as fait renoncer à celui de ma race
Sans que, dans mon esprit, le tien ait pris sa place.
Qu'importe à ma raison Jésus ou Mahomet?
Nul ne tient le bonheur que chacun d'eux promet,

Et dans l'isolement ma jeunesse flétrie,
Grâce à toi, n'a pas plus de Dieu que de patrie.

LE COMTE.

Esclave, si tu meurs en de tels sentiments,
Qu'espères-tu ?

YAQOUB.

De rendre un corps aux éléments,
Masse commune où l'homme en expirant, rapporte
Tout ce qu'en le créant la nature en emporte.
Si la terre, si l'eau, si l'air et si le feu
Me formèrent aux mains du hasard ou de Dieu,
Le vent, en dispersant ma poussière en sa course,
Saura bien reporter chaque chose à sa source.

Qu'un lord Talbot s'exprime ainsi dans la *Jeanne d'Arc* de Schiller, on le conçoit : Talbot est un grand seigneur, un philosophe, un de ces hommes chez qui l'action n'exclut pas la pensée et qui ont vieilli sous le harnais de l'expérience; mais ce Bou-Amema du xve siècle philosophant sur les atomes et parlant monère comme un dilettante du darwinisme ! Évidemment Dumas n'y a pas songé; soit ! Mais voilà le mal : il n'y songe pas; il trouve cela beau dans Schiller et il s'en empare en vertu de l'axiome : « Je prends mon bien où je le trouve. » Oui, certes, cela est beau, mais à la condition d'être à sa place. On comprend ce général blessé au fond d'un bois et qui meurt seul, librement, en pleine nature, dans la conscience du devoir accompli, tandis que votre chamelier du désert philosophant à la manière de Schopenhauer et de Leopardi, on ne le comprend pas ; et c'est pourquoi il faut se garder de recourir étourdiment à l'axiome mis en pratique par Molière et ne « prendre son bien où on le trouve » que lorsqu'il s'agit d'un bien plus ou moins banal et qui n'appartient en propre ni à Schiller ni à Goethe. Au moment que Yaqoub va se poignarder, la portière se soulève et une voix de femme lui murmure à l'oreille : « Vivez ! » C'est la comtesse Bérengère, que son époux a résolu de répudier pour cause de stérilité :

> Car l'honneur de son nom et l'honneur de sa race
> Veulent tous deux qu'un jour un enfant le remplace.

Vainement, la noble dame de Savoisy pleure, supplie, implore ; le comte, plus que jamais, par les calamités des temps, persiste dans son idée fixe de donner à la France des défenseurs. A la fin pourtant, l'épouse indignée se révolte ; la jalousie et la haine débordent. La femme outragée se change en furie et propose à Yaqoub de tuer le comte, s'offrant elle-même pour récompense ; le pacte se conclut au bruit de la cloche annonçant la cérémonie du mariage, et c'est au moment où les nouveaux époux pénètrent dans la chambre nuptiale que le meurtre s'accomplit. La victime tombe et succombe ; l'assassin accourt réclamer le prix du sang versé et se heurte contre le corps de Bérengère, qui, sa vengeance satisfaite, s'est empoisonnée. Yaqoub, comme Oreste et comme l'abbé don Desiderio, a perdu :

> J'ai tué mon ami, j'ai mérité le feu,
> J'ai taché mon pourpoint — et l'on me congédie
> C'est la moralité de cette comédie.

Et, sans y réfléchir davantage ni s'attarder, oubliant d'évoquer les Euménides et de résumer l'apologue, il s'en retourne au désert.

> Vous qui, nés sur cette terre,
> Portez comme des chiens la chaîne héréditaire,
> Demeurez en hurlant près du sépulcre ouvert...
> Pour Yaqoub, il est libre et retourne au désert.

III

Il n'y a point ici à ergoter ni à contredire. C'est très beau, les scènes remarquables ne se comptent pas, toutes les situations sont franchement abordées, enlevées de main de maître; l'épisode d'Agnès Sorel ramenant Charles VII est ce qui se peut voir de mieux tourné en fait de pittoresque théâtral. Tout cela vit, s'encadre à merveille; jusqu'à ce faucon que le roi porte à son poing en entrant et qui joue aussi son personnage. On goûte un plaisir très particulier, très raffiné, à suivre ainsi Dumas dans sa tentative, à voir cet esprit véhément se verrouiller dans les trois unités; on se dit tout le temps: Comment va-t-il se tirer de là? et il s'en tire. Une *Andromaque* moyen âge, Racine réédité par Dumas!

pourquoi pas, ne serait-ce que pour la curiosité du fait ?

J'ai souvent regretté qu'un pareil ouvrage ne figurât point en permanence au répertoire de la rue Richelieu. Nous avons un génie dramatique à sauver de l'oubli, et c'est par ses petits côtés qu'on nous le montre. A *Mademoiselle de Belle-Isle*, joignez *les Demoiselles de Saint-Cyr*, mettez encore *le Mari de la Veuve* et *Romulus*, et vous avez tout ce qui survit de Dumas au Théâtre-Français : le taureau moins les cornes, le lion moins le rugissement. *Mademoiselle de Belle-Isle* est une comédie de genre toute charmante et bien troussée, mais nullement caractéristique du tempérament de l'homme, et que Scribe, s'il n'aurait su l'écrire, aurait inventée au besoin. J'entends dire que M. Perrin voulut un moment monter *Charles VII* ; simple rêve d'une imagination qui se complaît à des baguenaudes de mise en scène : « Mounet-Sully dans Yaqoub, Worms dans Savoisy, Sarah Bernhardt dans Bérengère, quelle distribution !... » Et, quand la ritournelle est usée pour Dumas, on la recommence à propos de Shakspeare et du *Maure de Venise* ; « Mounet-Sully dans Othello, Coquelin dans Iago, Sarah Bernhardt dans Desdemona, quelle distribution !... » M. Perrin ressemble à ce personnage de Gavarni parlant de la charité : il se dit que la question d'art est un de ces plaisirs dont il faut savoir se priver. Il calcule, suppute, collationne, tient en haleine, des mois

4.

durant, ses comédiens, ses peintres, ses costumiers, et, toujours en se proposant de jouer *Othello*, finit par reprendre *Zaïre*, ce qui, dans sa pensée, revient au même.

Cela s'appelle, en langue vulgaire, promener son monde; Dumas fils lui-même y fut pris, à son grand crève-cœur, je suppose; car il a, pour ce *Charles VII*, un sentiment tout filial et dont nous entretient le passage suivant d'une de ses préfaces : « Il y a dans mon enfance un souvenir qui battrait en brèche toutes mes vanités. C'est celui de la première représentation de *Charles VII* à l'Odéon. Ce fut *un four*, comme on dirait aujourd'hui dans cet argot parisien qui remplacera peu à peu, si nous n'y prenons garde, la vieille langue française. J'avais huit ans. J'écoutais avec religion parce que c'était papa qui avait écrit ça. Je n'y comprenais rien du tout, bien entendu. Les cinq actes se déroulèrent au milieu d'un silence morne. »

Ils revinrent tout seuls, lui le tenant par la main, l'enfant trottinant à son côté pour se mettre à l'unisson de ses grandes jambes, le père silencieux et triste, l'enfant comprenant qu'il fallait se taire.

« Depuis ce jour, continue Dumas fils, je n'ai jamais longé le vieux mur de la rue de Seine, près du guichet de l'Institut (où tu ne devais pas entrer) sans revoir nos silhouettes sur cette muraille humide, léchée, ce soir-là, d'un grand rayon de lune. Je ne suis jamais non plus revenu d'une de mes premières représentations les plus bruyantes et les plus applaudies, sans me rappeler le froid de cette grande salle, notre marche silencieuse à travers les rues désertes, et sans me dire tout bas, pendant que mes amis me félicitaient : « C'est possible ; mais j'aimerais mieux avoir fait *Charles VII*, qui n'a pas réussi. »

IV

Don Juan de Marana. — Catherine Howard. — Antony.

I

Un drame dont la critique d'aujourd'hui ne sait plus que faire, c'est, par exemple, *Don Juan de Marana*, espèce de mystère à la Calderon, poème en action et en prose, où les vers interviennent avec la gaucherie de gens qui se présentent sans être invités. Poète, nul ne l'est plus que Dumas dans le sens absolu; il a l'imagination, l'émotion, le feu sacré; un don pourtant lui manque: l'art des vers. Il le reconnaît, il en souffre; pas un volume des Mémoires qui ne porte quelque trace de son désespoir :

« Je n'avais rien entendu de pareil à ces vers de *Marion Delorme*, j'étais écrasé sous la magnificence de ce style, moi à qui le style manquait surtout. On m'eût demandé dix ans de ma vie en me promettant qu'en échange j'atteindrais un jour à cette forme, que je n'eusse pas hésité. Ah ! si j'étais capable d'écrire de tels vers, sachant faire une pièce comme je sais la faire ! »

L'enthousiasme pour Victor Hugo éclate chez Dumas dès son entrée dans la carrière et ne s'est depuis jamais démenti. Les froideurs ultérieures du poète d'*Hernani* et même, s'il faut se fier à quelques-uns, son hostilité sourde d'une certaine heure, n'eurent à cet endroit aucune influence. Expansif et prodigue, Dumas semait le panégyrique comme il semait l'or, sans y regarder. Il y avait chez lui de l'héroïsme à prendre ainsi partout fait et cause pour Victor Hugo et, quand vous étiez informé, quand vous connaissiez « les dessous », cette chevalerie vous paraissait presque naïve. Généreux, léger, hâbleur, cerveau de feu, âme crédule, il préférerait acclamer son pire ennemi plutôt que de renoncer à s'épancher. Musset n'avait répondu à aucune de ses avances : « C'était un buisson d'épines, il rendait l'égratignure pour la caresse. » On ne peut pas aimer les gens malgré eux, on peut toujours ne pas les haïr. « Ne pouvant avoir Musset pour ami, ne voulant pas le haïr, j'avais pour lui un sentiment étrange, que je ne puis rendre que par ces mots : je le regrettais. J'eus occasion de lui rendre un service, il m'en aima un peu moins. Pauvre Musset ! je crois qu'il a été une des âmes les plus désolées de son époque. »

Toutes les rebuffades et dissonances de caractères n'empêcheront point Dumas d'emboucher sa trompette à la gloire du chantre de *Mardoche* et des *Nuits*. « Un style à lui, des qualités merveilleuses. Nous avons vu du Titien tout à l'heure, voici maintenant de l'Albane. » Et les citations de pleuvoir avec les éloges. De même pour Victor Hugo, qu'il ne se lasse pas d'aimer et de célébrer, en dépit de plusieurs assez vilains tours dont les gazettes du moment nous entretiennent. Les torts que Victor Hugo peut avoir, les articles malveillants qu'on lui reproche d'avoir suscités, Dumas s'en expliquera de camarade à camarade, et n'en sera que plus fougueux dans l'expression de son enthousiasme : témoin cette conversation, sur la route de Trouville à Paris, exposée et dramatisée comme une scène de comédie :

« Nous montâmes dans la diligence de Rouen ; le lendemain, au point du jour, les voyageurs descendirent pour gravir une côte ; je crus reconnaître, parmi nos compagnons de route, un rédacteur du *Journal des Débats*. — Je m'approchai de lui comme il s'approchait de moi ; la conversation s'engagea :

« — Eh bien, dit-il, vous savez, *Marion Delorme* a été jouée.

» — Ah ! vraiment ?... Et moi qui me pressais surtout pour assister à la première représentation !

» — Vous ne la verrez pas... Et vous n'y perdrez pas grand'chose.

» — Comment je n'y perdrai pas grand'chose ? Est-ce que la pièce n'a pas réussi ?

» — Oh ! si fait !... mais froid ! froid ! froid !... et pas d'argent !

» Mon compagnon me disait cela avec la profonde satisfaction du critique se vengeant de l'auteur, de l'eunuque mettant le pied sur la gorge du sultan.

» — Froid ! pas d'argent ! répétai-je ; mais enfin, comme poésie ?...

» — Faible ! bien plus faible qu'*Hernani* !

» — Ah ! par exemple, m'écriai-je, faible de poésie ? une pièce où il y a des vers comme ceux-ci...

» Et je lui dis presque entièrement la scène entre Didier et Marion Delorme au premier acte.

» — Comment, vous savez cela par cœur, vous ?

» — Je crois bien que je sais cela par cœur !

» — Et pourquoi diable le savez-vous ?

» — Mais tout simplement parce que je trouve *Marion Delorme* une des plus belles choses qu'il y ait au monde. J'ai eu le manuscrit à ma disposition. Je l'ai lu et relu. Ces vers que je viens de vous dire sont restés dans ma mémoire, et je vous les donne comme preuve à l'appui de mon opinion.

» — Ah bien ! en voilà une bonne !

» — Laquelle ?

» — C'est que vous défendiez Victor Hugo.

» — Pourquoi pas ? Je l'aime et je l'admire !

» — Un confrère ! dit le critique d'un ton de profonde pitié et en haussant les épaules.

» — En voiture, messieurs ! cria le conducteur. »

II

D'autres — Stendhal, Mérimée, Balzac — fins renards, prendront les vers en ironie et médiront des beaux raisins n'y pouvant atteindre. Dumas avoue son chagrin, sans jamais pouvoir s'éloigner de la vigne qu'il continue de fourrager, et son aveu comme sa récidive le sacrent poète une fois de plus, poète malgré Minerve, dirait Boileau, j'y consens, bien que, dans *Charles VII*, il ait touché le but.

Se figure-t-on, à pareille époque, un Dumas s'abstenant de lier commerce avec don Juan ? Il entreprit, comme tels et tels, et même à plus grand fracas, de courir sus au gibier de Molière et de Mozart, et si l'équipée n'eut qu'un triste sort, si, contre l'habitude, il rentra bredouille, c'est apparemment que l'illustre proie, trop pourchassée, était déjà tombée aux mains de veneurs plus matineux. La pièce fut représentée à la Porte-Saint-Martin, le 30 avril 1836, et Loève-Veimars écrivit à cette occasion, dans le *Journal des Débats,* un de ses plus jolis feuilletons. Le critique évoque et fait passer à la file devant Dumas tous les auteurs anciens et nouveaux qu'il a dépouillés ; c'est, au comique, la scène des spectres de *Richard III,* si magnifiquement *réorchestrée* par Victor Hugo, à la fin du premier acte de sa *Lucrèce Borgia.*

« On frémit d'épouvante à penser que, dans la nuit qui a suivi cette soirée, vingt fantômes couverts de linceuls tachés d'encre ont dû se dresser autour de M. Dumas et lui crier, l'un : « Je suis
» Molière, à qui tu as enlevé, pour l'affaiblir et la
» mutiler, la scène entre don Juan et son père ! »
L'autre : « Je suis Goethe ! Que t'avais-je fait pour
» me prendre ainsi Marguerite et la faire grimacer
» devant le miroir où je l'avais montrée si radieuse
» et si belle ? » Un autre : « Je suis Hoffmann ! tu m'as
» pris *le Bonheur au jeu,* la maîtresse qu'on joue à
» *l'hombre,* et mes scènes de cabaret ! » Un autre :
« Je suis Walter Scott ! rends-moi mon diable et mon
» vieux laird qui donne des quittances dans son
» tombeau ! » Et Shakespeare : « Rends-moi mes
» ombres ! » Et Lewis : « Rends-moi mes nonnes ! »
Puis Mérimée et Musset ; puis enfin un jouvenceau sorti hier du collège qui disait : « Je n'ai fait encore

» que le *Souper chez le Commandeur*, et tu m'as
» pris *le Souper chez le Commandeur* ; rends-moi
» mon souper! »

Le fait est que ce *Don Juan de Marana* rentre absolument dans les folies du temps; la muse qui dictait à Mallefille *les Sept infants de Lara*, brille de tout son éclat. C'est une sorte de mosaïque insensée, un concile de fous se disputant et s'arrachant des lambeaux de Shakespeare, de Goethe, d'Hoffmann, de Mérimée et de Musset ; et tout cela pour céder à ce besoin du rythme et de la cadence auquel on ne résiste pas : saint amour de la lyre et des nombres d'or, qui va pousser vers les idéalités célestes le dramaturge convaincu et fera transiger l'intransigeant! Le bon ange et le mauvais ange causeront entre eux dans la langue du surnaturel, tandis que les événements se dérouleront en vile prose. Les vers seront ce qu'ils pourront, mais le poète aura lâché la bride à son Pégase :

> « J'aime surtout les vers, cette langue immortelle;
> C'est peut-être un blasphème — et je le dis tout bas.
> Mais je l'aime à la rage ; — elle a cela pour elle,
> Que les sots d'aucun temps n'en ont pu faire cas.
> Le vulgaire l'entend et ne la parle pas... »

Que n'eût donné Dumas pour ce dandysme de la forme; il tâchait de s'en consoler en l'admirant chez les autres et en rimant pour son propre compte le plus souvent qu'il le pouvait.

III

La préface de *Catherine Howard* nous initie à l'existence d'une espèce de drame dont personne, que je sache, n'avait jamais ouï parler :

« *Catherine Howard* est un drame extra-historique, une œuvre d'imagination procréée par ma fantaisie ; Henri VIII n'a été pour moi qu'un clou auquel j'ai attaché mon tableau. Je me suis décidé à agir ainsi, parce qu'il m'a semblé qu'il était permis à l'homme qui avait fait du drame d'exception avec *Antony*, du drame de généralité avec *Thérésa*, du drame politique avec *Richard Darlington*, du drame d'imagination avec *la Tour de Nesle*, du drame de circonstance avec *Napoléon*, du drame de mœurs avec *Angèle*, enfin du drame historique avec *Henry III*, *Christine* et *Charles VII*, de faire du drame extra-historique avec *Catherine Howard*. »

Cet extrait de la préface d'un ouvrage, selon moi très intéressant à certains points de vue, quoique médiocre, cette crânerie apologétique mériterait peut-être quelque explication. Qu'est-ce, en effet, que le drame de « généralité », le drame « d'exception » et le drame « extra-historique » ? Je défie qu'on me cite une pièce bien pondérée qui ne contienne réunis les divers éléments que Dumas s'imagine avoir particularisés dans telle ou telle de ses œuvres : il y a de l'exception et de la généralité dans *Tartufe*, *l'École des Femmes*, *Goetz de Berlichingen*, *Egmont*, *Wallenstein*, *Guillaume Tell*, *Charles VII*, *le Roi s'amuse*, qui sont des drames à la fois historiques et romanesques, en ce sens qu'à des événements réels, à des personnages ayant vécu, s'entremêlent épisodiquement des aventures et des personnages qui n'ont pour raison d'être que la fantaisie de l'auteur. Le Dumas de *Catherine Howard* nous annonce qu'il a voulu par là « faire une trouée ». Soit; mais alors, étant donnés ses drames historiques ordinaires où déjà l'imagination s'attribue une si large part, que restera-t-il de l'histoire dans le drame extra-historique ? Absolument rien que le titre. Je passe outre à la théorie, toute expérience venant d'un maître a ses droits à la considération; Shakespeare d'ailleurs, longtemps avant Dumas, avait percé ce nouveau sentier « en procréant »

Macbeth, le *Roi Léar*, et ce merveilleux *Cymbeline*, drames légendaires, drames extra-historiques ; il ne s'agissait que de s'entendre sur les mots ; mais, ce qui vous arrête et vous confond, c'est l'étonnante information qu'il y a dans tout cela ; on se demande comment Dumas, qui ne connaissait pas les langues, avait pu arriver à se procurer, à cette époque, un pareil trésor d'acquisitions.

Quelqu'un traduisait-il à son intention ? Devinait-il ? Car ce n'est pas seulement sur les hauts sommets qu'il se perche, il visite aussi les recoins, scrute et furette : travail indomptable d'assimilation, de vulgarisation et de fécondation. Nous l'avons vu, dans *Christine*, se souvenir d'*Egmont* et de *Wallenstein*; dans *Charles VII*, se préoccuper de *Jeanne d'Arc* ; *Don Juan de Marana* nous le montra aux prises avec *Faust* et la scène des Bijoux. Et maintenant, le voilà, dans *Catherine Howard*, appliquant aux réalités de l'histoire d'Angleterre sous Henry VIII — un ogre qui pourtant ne plaisantait guère, — appliquant à l'histoire la fantaisie féerique et l'hypnotisme du théâtre de Henri de Kleist, de Tieck, d'Immermann et d'Achim d'Arnim. « Je comptais faire non pas un drame historique, mais quelque chose comme le *Cymbeline* de Shakespeare ; sur ces entrefaites, je lus, par hasard, un roman d'Auguste Lafontaine ; je voudrais bien vous dire lequel, mais je n'en sais plus rien. Tout ce que je me rappelle, c'est que l'héroïne se nomme Jacobine.

On faisait prendre un narcotique à cette Jacobine, on l'endormait, on la faisait passer pour morte et, grâce à cette mort supposée qui la délivrait des entraves de la terre, elle pouvait épouser son amant. »

Passe encore pour Jacobine de se rouler ainsi incognito dans le linceul de Juliette, mais Catherine Howard, une reine authentique d'Angleterre ! et cet épais et cynique Henri VIII, ce *beefeater* de la Tour de Londres, jouant au Roméo ! Que voulez-vous ? on n'est pas impunément poète, et cet idéal dont nous parlions tout à l'heure, et qui vous force à rimer malgré Minerve, peut tout aussi bien vous commander, sous forme d'un tableau d'Horace Vernet : *Édith aux longs cheveux cherchant le corps d'Harold sur le champ de bataille d'Hastings.*

Ce tableau m'avait singulièrement séduit, non pas à cause du sujet, mais à cause du nom de l'héroïne ; il me prit fantaisie de faire un drame qui aurait nom : *Édith aux longs cheveux.* Et ce drame d'abord écrit en vers, puis traduit en prose, devint, en l'an 1834, *Catherine Howard*, dépouillant à jamais le titre d'*Édith aux longs cheveux*, dont la magie avait ensorcelé l'auteur à la manière de ces feux follets qui vous dansent aux yeux et vous égarent.

IV

Antony, œuvre personnelle s'il en fut, est surtout une œuvre collective. C'est un homme de génie qui a écrit ce drame, et c'est tout le monde qui l'a fait, tout le monde de ce temps-là.

La langue en a vieilli, s'est démodée, comme il arrive d'ordinaire pour les pièces en habit noir qui portent dans leur dialogue le rococo du lendemain. Mais ce drame, impossible au théâtre désormais, a des côtés par où survivre; on ne le joue plus, on en parle encore, c'est un document.

De même que, selon l'expression d'Hamlet, il y a quelque chose de pourri dans le royaume de Danemark, il y eut, dans cette société de 1830, quelque chose de bâtard et de maladif, qui répondait à la monomanie du héros de Dumas ; la femme est la partie nerveuse de l'humanité, l'homme la partie musculaire ; simple question de nerfs et de muscles : « Je t'aime d'amour, je t'aime pour toi, pour ta beauté, tu es ma femme, tu es ma maîtresse, tu es mon Dieu ! Mon corps aime le tien ! » Dumas et l'homme de 1830 ne font qu'un ; tous les deux vivent hors de cadre, l'habit moderne les gêne aux entournures; se mouvoir dans un milieu restreint, parler comme tout le monde, plutôt mourir ! Il leur faut le ciel ou l'enfer. *Antony* est un blasphème en cinq actes; il vous semble, d'un bout à l'autre de ce drame, entendre toute une société s'écrier : « Que le diable m'emporte ! » par la voix du plus sympathique et du plus viril de ses représentants. N'y aurait-il pas dans le blasphème une déperdition de fluide nerveux qui soulage les cœurs trop pleins ? Il est si doux de se croire maudit lorsqu'on n'est que vide et ennuyé. L'homme de ce temps-là ne connaît que sa passion; parce qu'une femme l'a trompé, toutes seront parjures, et la femme de son côté pense et agit de même. Lisez Musset : toutes ses héroïnes se ressemblent par le trait démoniaque; c'est Portia qui chante quand son mari est mort depuis une heure, Marco qui danse quand sa mère est morte la veille, Belcolor qui emmène souper le meurtrier de son amant quand son amant râle encore. Pas un de ces êtres n'a dans la tête ni dans le cœur un atome de moralité; ils font ce qui leur plaît, et c'est à coups de poignard qu'ils écartent les obstacles. Relire dans les *Contes d'Espagne* le sonnet à Ulric Guttinguer; ces vers, datés de 1829, donnent la note du moment: la passion implacable, forcenée, absolue, la passion martyre et désespoir, être aimé et en mourir, voilà le drame d'*Antony*. — Se souvenir aussi du célèbre paragraphe de Goethe sur nos romantiques :

« C'est la littérature du désespoir; il lui faut l'action à tout prix, et le lecteur ne sait plus où se prendre au milieu du tohu-bohu de contradictions et d'incohérences; l'horrible, le féroce, l'abominable et tout ce qui s'ensuit, y compris l'obscène. Satanée besogne, on peut le dire, et néanmoins, à travers tout, un incroyable sentiment du vrai qui doit nous rendre circonspects et nous empêcher de prononcer le mot de vide ou de mauvais[1]. »

---

1. Correspondance de Goethe avec Zelter.

VI

Caractère du génie de Dumas. — Quels étaient ses rapports avec ses collaborateurs : Anicet Bourgeois et *Caligula*, Goubaux et *Richard Darlington*.

I

D'une anecdote, il faisait une nouvelle; d'une nouvelle, il faisait un roman; d'un roman, il faisait un drame, et il n'abandonnait une idée qu'après en avoir tiré tout ce qu'elle pouvait, non pas simplement rendre, mais lui rendre. Tout ce que la critique reproche à Dumas, je veux l'admettre : collaborations, imitations, plagiats, soit ! mais il a ce qu'il n'était au pouvoir d'aucun de lui donner; cela nous le savons, pour avoir vu ce que faisaient ses collaborateurs quand ils opéraient seuls et pour leur propre compte.

Dumas est un inconscient : il crée en dehors

de la théorie et de la syntaxe. Qui nous dira jamais la raison d'être d'un chef-d'œuvre ? Ses lois sont en lui; mais ni l'artiste qui les subit, ni le public qu'elles entraînent n'en ont conscience. Nous pouvons nous rendre compte des combinaisons, étudier le mécanisme, en approfondir les ressorts dans l'ensemble et dans les détails, en connaître à fond, en discuter toutes les parties, — toutes! — excepté celle par qui nous sommes saisis, *empoignés*, laquelle défie invinciblement notre analyse.

Vous me dites : « Il prend de toutes mains; » l'objection me touche peu; j'y réponds par le mot du comte d'Artois à son visiteur de Coblentz :

— Vous n'êtes pas gentilhomme, Monsieur, mais vous seriez digne de l'être.

Bien des choses, en effet, dans cette œuvre immense ne sont pas de Dumas, qui pourraient en être, car nul plus que lui n'a fait école. Il eut ses bons et ses mauvaises élèves, et, de cet atelier de copie qu'il fonda sont sortis des imitateurs capables de se créer à leur tour une clientèle.

Notre siècle aura ainsi connu deux Dumas père : celui d'*Henri III*, de *Christine*, de *Charles VII*, d'*Antony !* Dumas seul.

Et celui de *la Reine Margot*, des *Mousquetaires*, du *Collier de la Reine*, etc., etc., Dumas-Légion.

Les envieux, les méchants que toute puissance exaspère, d'accord cette fois avec les délicats, les raffinés, gens d'une seule idée et d'un seul livre, vous engageront à ne pas confondre ensemble ces deux Dumas. N'en croyez rien ; confondez-les, c'est le même homme ; il n'y a de changé que les conditions dans la manière de produire; la personnalité se maintient identique.

« Pourquoi ne veux-tu pas collaborer avec moi, à la place de Maquet ? disait-il souvent à Dumas fils, je t'assure que ce n'est pas difficile, et cela te rapporterait quarante ou cinquante mille francs par an ; tu n'aurais qu'à me poser des objections, à me contredire dans les sujets que je t'exposerais ou à me fournir des embryons d'idées que je développerais sans toi. »

Le plan se faisait en commun: le collaborateur écrivait le livre, l'apportait au maître, qui remaniait sur le premier travail; récrivait tout, et d'un volume, mal bâti souvent, tirait trois et quatre volumes. *Le Chevalier d'Harmental* fut, à l'origine, une nouvelle de soixante pages. Lui-même, que de fois n'a-t-il pas été le collaborateur anonyme de ses confrères! Je l'ai vu ainsi passer par vingt pièces, toutes signées d'autres noms que le sien et dont il avait fait les deux tiers : le travail, la mise en forme et en action des rêves innombrables qui le hantaient était un besoin pour lui aussi naturel, aussi impérieux, que boire et manger.

Aucun plaisir, aucun exercice ne l'en détournait. Un jour, à Bressoire, entre Compiègne et Villers-

Cotterets, il chassait depuis six heures du matin. Il avait tué vingt-neuf pièces.

— Je vais faire ma trentaine, dit-il, puis m'en aller dormir un somme; je suis fatigué, j'en ai assez.

Il tira son trentième perdreau et nous le vîmes s'acheminer vers la ferme. Quand nous rentrâmes à cinq heures, il était assis devant le feu de la cuisine, regardant la flamme, les pieds allongés, tournant ses pouces!

— Qu'est-ce que tu fais là? lui dit son fils.

— Tu le vois, je me repose.

— As-tu dormi?

— Non, impossible! Il y a un vacarme abominable dans cette ferme, les moutons, les vaches, les ouvriers; pas moyen de fermer l'œil.

— Alors, tu es là depuis quatre heures à tourner tes pouces?

— Non, j'ai écrit une pièce en un acte.

Il venait, en effet, d'écrire cette petite pièce de *Romulus* qu'il s'amusa à faire lire au Théâtre-Français par Régnier comme d'un jeune auteur inconnu, et qui fut reçue à l'unanimité. Il avait résolu le problème du travail attrayant de Fourier. Rien ne l'amusait plus que de travailler. Quelqu'un s'étonnait que cet homme qui avait tant produit n'eût jamais écrit une ligne ennuyeuse: c'est que cela l'aurait ennuyé de l'écrire. Un art qui fatigue, pensait-il, n'est pas un art. Ainsi procédait Corot, qui peignait en sifflotant ses merveilleux paysages et vous disait le plus naïvement du monde : « J'ai trouvé ce matin un plaisir extrême à revoir un petit tableau de moi. Il n'y avait rien du tout là-dessus, mais c'était charmant et comme peint par un oiseau. »

II

Moitié application, moitié divination, Dumas savait énormément; l'éducation première ayant manqué, il s'efforçait de réparer le mal, comblait les vides par mille acquisitions quotidiennes qu'il rapportait de ses conversations, de ses voyages et de ses lectures. Histoire, voyages, histoire naturelle, littérature étrangère, il lisait tout, depuis Le Ramayana jusqu'à Shakespeare, Goethe, Schiller, Thackeray, Dickens, Cooper et Scott, son admiration culminante. Hugo, sans déteindre sur lui, le passionnait; Balzac, moins. Il ne voyait pas la nature humaine par ce côté-là: trop de détails préparatoires, trop de maçonnerie, trop d'herbe entre les pavés. Ajoutons que Dumas était un homme du xvi⁰ siècle, déjà un peu dépaysé dans ce monde de la Restauration et qu'à ses yeux toute psychologie devait en littérature se traduire incessamment, immédiatement, par des faits qui la contiennent et l'expliquent. Nommerai-je ses artistes de prédilection?

Comme il avait beaucoup vécu à Rome et à Florence, il adorait surtout Raphaël, Michel-Ange, Perugin et Donatello. Il est vrai qu'il préférait aussi Titien et Véronèse; Benvenuto plaisait à son goût des aventures, Rubens à son tempérament, Delacroix à son imagination, à ses théories, à son cœur. Avez-vous jamais parcouru les magasins du *Bon Marché?* Le cerveau de Dumas ressemble à cet univers de l'industrie moderne : tout s'y trouve en quantité, en profusion, depuis les plus riches tissus jusqu'à la bimbeloterie, la pacotille. Et dans quel ordre tous ces articles sont rangés là, classés, étiquetés! comme il y en a pour tous les goûts et pour tous les prix! C'est que celui-là n'était pas l'homme d'un seul livre. Je doute que Dumas ait jamais su par cœur son Horace; mais je vous réponds bien qu'il ne l'aurait jamais traduit, d'abord parce qu'il était un latiniste trop peccable, ensuite parce qu'il fallait à son étreinte de plus gros morceaux : les historiens, par exemple, Hérodote, Thucydide, Plutarque, Tacite, Suétone, surtout Suétone, cette providence éternelle des chercheurs de détails et de renseignements intimes.

Inutile de dire qu'il les lisait dans les traductions,

comme, du reste, il lisait tout, n'étant guère plus familiarisé avec les langues étrangères de notre temps qu'il ne l'était avec le grec et le latin. « Un jour, a-t-il écrit quelque part, Lamartine me demandait à quoi j'attribuais l'immense succès de son *Histoire des Girondins*. « A ce que vous avez élevé » l'histoire à la hauteur du roman, » lui répondis-je. Et il poursuivit : « Quels historiens cela ferait que les » poètes, s'ils consentaient à se faire historiens ! »— Ce qu'il y a de certain, c'est que, chez Dumas, l'imagination, loin d'étouffer l'ardeur de connaître, servait plutôt à la stimuler. Les documents fondaient entre ses mains : toute la littérature espagnole, tous les chroniqueurs et les trouvères du moyen âge, tous les mémoires, tous les pamphlets. Pour Augustin Thierry, son admiration était sans bornes. Michelet, il en avait toujours un volume sur sa table. Avec cela, une mémoire prodigieuse, un don incomparable de transformer, de dramatiser instantanément les récits, les anecdotes et les aventures.

III

Le Cirque-Olympique possédait à cette époque un cheval savant ; Anicet Bourgeois accourt proposant d'écrire un rôle de caractère pour le virtuose à tous crins. « En effet, s'écrie Dumas : le consul Incitatus. » et la tragédie de *Caligula* va sortir de cette idée. Ainsi *Mademoiselle de Belle-Isle* naîtra d'une petite pièce en un acte de Brunswick, où le directeur des Variétés, qui la refusa, n'a rien vu, parce que au demeurant il n'y avait rien, ni le personnage de d'Aubigné, ni le pari, ni l'intrigue. Quand je dis qu'il n'y avait rien, j'omets la scène du sequin qu'on coupe en deux et dont les deux fragments se trouvent réunis par la rupture de la liaison. Dumas saisit d'un coup d'œil le parti que l'on en peut tirer et sur cette unique scène construit sa pièce : un chef-d'œuvre.

C'étaient là ses prodigalités ordinaires en matière de collaboration ; ce qui, d'ailleurs, n'empêchait pas un facétieux magistrat de lui demander, en parlant d'un de ses romans, s'il l'avait vraiment fait « lui-même ». — « Eh ! oui, Monsieur, répliqua Dumas, j'avais fait faire le dernier par mon valet de chambre ; mais, comme il a eu un grand succès, le drôle m'a réclamé des gages si exorbitants, qu'à mon regret je n'ai pu le garder. » On connaît l'histoire de Rossini happant au vol dans un théâtre infime et fixant sur son calepin le motif qui plus tard servit à composer la prière de *Moïse.* Dumas ne dédaigna point d'imiter le procédé, notamment à l'occasion d'un drame intitulé : *la Jeune Vieillesse.* On riait, on sifflait. Rossini avait dit : « *E troppo buono per questo coglione* ». Dumas, pensant à l'auteur, grommelait : « Est-il bête ! il a passé à côté d'un sujet admirable ; sa pièce, je la referai ; et *la Jeune Vieillesse* devint ainsi *le Comte Hermann.*

A propos de *Richard Darlington,* dont Goubaux avait eu la première idée, comme ils discutaient ensemble le plan, une grave difficulté se présente. Il s'agissait, au dernier acte, de faire disparaître la première femme de Richard, à la suite d'une scène très violente, au moment où Richard attend la jeune femme qu'il veut épouser :

— Comment nous débarrasserons-nous d'elle ? dit

Goubaux. Il n'y a qu'un moyen, c'est de l'empoisonner.

— Et puis après ? reprit Dumas ; qu'est-ce que nous ferons du cadavre ? Il y a un moyen plus simple : la maison où la scène se passe sera au-dessus d'un torrent, et Richard flanquera sa femme par la fenêtre.

— Mais, mon cher, on ne jette pas au théâtre, en pleine action, une femme par la fenêtre...

La discussion continue sans rien amener. Dumas rentre chez lui et se met à la pièce ; mais, après quelques jours de travail facile, arrivé à l'obstacle, il s'arrête court : « C'est impossible, et Goubaux l'avait bien dit ; Richard va être forcé de prendre sa femme, de la traîner vers la fenêtre ; elle se défendra, le public ne supportera pas la vue de cette lutte, et il aura parfaitement raison. D'ailleurs, en l'enlevant par-dessus le balcon, Richard montrera aux spectateurs les jambes de sa femme, les spectateurs riront, ce qui est bien pis que de siffler. Il devrait cependant y avoir un moyen... »

C'était simple comme l'œuf de Christophe Colomb, seulement il fallait casser le bout ; le bout étant cassé, il n'y avait plus de lutte, Jenny ne risquait plus de montrer ses mollets, et Richard jetait toujours sa femme par la fenêtre. Voici le mécanisme. Après ces mots : « Ils vont trouver une femme ici ! » Richard courait à la porte et la fermait à double tour. Pendant ce temps, Jenny courait à la fenêtre,

et, du balcon criait : « Au secours! au secours! »
Richard l'y suivait précipitamment, Jenny tombait
à ses genoux. On entendait du bruit dans l'escalier ;
Richard tirait à lui les deux battants de la fenêtre,
s'enfermant avec Jenny sur le balcon. Un cri retentissait; Richard pâle et s'essuyant le front repoussait
d'un coup de poing les deux battants de la croisée,
il était seul sur le balcon, Jenny avait disparu. Le
tour était fait, le drame aussi, et Goubaux, pendant
ce temps, cherchait toujours.

Cette dernière scène était une des choses les plus
terribles qu'on ait vues au théâtre. Frédérick, alors
dans toute la fougue de son talent, sublime aux
répétitions, à la représentation fut prodigieux ; à
ce point que mademoiselle Noblet, qui jouait Jenny,
subissant une influence réelle, poussa des cris de
véritable épouvante et qu'un immense frisson courut
par toute la salle, lorsque à ces mots : « Qu'allez-
vous faire ? » Richard répondit : « Je n'en sais rien,
mais priez Dieu ! »

« Ce Frédérick (écrivait Henri Heine, en 1836,
dans ses *Lettres confidentielles à Auguste Lewald*),
ce Frédérick est un de ces hommes pleins d'une
puissance indéfinissable ignorée d'eux-mêmes, infernale et divine, que nous appelons *das dæmonische*. »
Et, puisque l'occasion s'en présente, disons un mot
des rapports du grand poète d'outre-Rhin avec notre
grand dramaturge.

V

Dumas et Heine.

I

C'étaient deux natures créées pour s'entendre et qui devaient se lier par leurs contrastes : Dumas, jovial, bonhomme et le cœur sur la main, Heine, la raillerie et le persiflage en personne, mais poète, et se tirant de tout à force d'esprit et d'imagination; un oiseau d'Allemagne ayant fait son nid dans la perruque de Voltaire.

Lisez plutôt cette lettre à Dumas :

« Depuis six ans je suis alité. Dans le fort de la maladie, quand j'endurais les plus grandes tortures, ma femme me lisait vos romans, et c'était la seule chose capable de me faire oublier mes douleurs. Aussi je les ai dévorés tous, et, pendant cette lecture, je m'écriais parfois: « Quel ingénieux poète » que ce grand garçon de Dumas! » Certes, après

Cervantes et madame Schariaz, plus connue sous le nom de la sultane Scheherazade, vous êtes le plus amusant conteur que je connaisse. Quelle facilité ! quelle désinvolture ! et quel bon enfant vous êtes ! En vérité, je ne vous sais qu'un seul défaut : c'est la modestie. Vous êtes trop modeste ; mon Dieu ! ceux qui vous accusent de vanterie et de rodomontades ne se doutent pas de la grandeur de votre talent, ils ne voient que la vanité.

» Eh bien ! je prétends, moi, que, de quelque haute taille que soit la vôtre, et quelques soubresauts élevés qu'elle fasse, elle ne saurait atteindre les genoux, que dis-je ! pas même les mollets de votre admirable talent. Encensez-vous tant que vous voudrez, prodiguez-vous à vous-même les louanges les plus hyperboliques, donnez-vous en à cœur joie, et je vous défie de vous préconiser autant que vous le méritez pour vos merveilleuses productions. Vos merveilleuses productions ! « Oui ! c'est bien vrai, » s'écrie en ce moment madame Heine, qui écoute la dictée de cette lettre ; et la perruche qu'elle tient sur la main s'évertue à répéter : « Oui ! oui, oui, » oui, oui ! » — Vous voyez, cher ami, que, chez nous tout le monde est d'accord pour vous admirer. »

Heine avait l'imagination de l'esprit. Que de malice piquante, mordante et légère dans ces lignes ! et comment s'y prendrait-on mieux pour toucher à ce gros amour-propre bon enfant de Dumas, à cette énorme et joviale outrecuidance qui fait penser à Rabelais, à Sancho et à Falstaff, et dont le lecteur attend de nous un spécimen, comme pendant à l'aimable satire de Heine. Le voici :

« J'emporte avec moi (d'où cela vient-il? je n'en sais rien, mais enfin cela est), j'emporte avec moi une atmosphère de vie et de mouvement qui est devenue proverbiale. J'ai habité trois ans Saint-Germain. Eh bien, les habitants eux-mêmes, ces respectables sujets de la Belle-au-Bois-Dormant, ne se reconnaissent plus. J'avais communiqué à la ville un entrain que ses habitants avaient pris d'abord pour une espèce de fièvre endémique et contagieuse dans le genre de celle que produit la piqûre de l'araignée napolitaine. J'avais acheté le théâtre, et les meilleurs artistes de Paris, en venant souper chez moi, jouaient, avant de s'asseoir à table, afin de se mettre en appétit, soit *Hamlet*, soit *Mademoiselle de Belle-Isle*, soit *les Demoiselles de Saint-Cyr*, au bénéfice des pauvres. Collinet n'avait plus assez de chambres, et le chemin de fer *m'avoua un jour une augmentation de vingt mille francs de recettes par an, depuis que j'étais à Saint-Germain !* »

Saint-Germain tirait sur sa terrasse des feux d'artifice qu'on voyait de Paris, et cela au grand étonnement de Versailles, qui se demanda s'il n'y aurait pas moyen d'attirer à soi quelque parcelle de cet élément de vie, si bien qu'un jour Louis-Philippe manda son ministre Montalivet et lui tint ce discours d'un roi de féerie :

— Mon cher ministre, comprenez-vous une chose ?

— Laquelle, sire ?

— C'est que nous soyons parvenus à ressusciter Saint-Germain (on avait fait accroire à Louis-Philippe que c'était lui qui avait fait ce miracle), c'est que nous soyons parvenu à ressusciter Saint-Germain, et qu'avec la Galerie, avec les Eaux, tous les premiers dimanches du mois, nous ne parvenions pas même à galvaniser Versailles.

— Sire, répondit Montalivet, voulez-vous que Versailles, au lieu d'être triste jusqu'à la mort, soit gai jusqu'à la folie ?

— Mon cher comte, lui dit le roi, je ne vous cache pas que cela me ferait le plus grand plaisir.

— Eh bien, sire, Dumas a quinze jours de prison à faire comme garde national : ordonnez que Dumas fasse ses quinze jours de prison à Versailles.

Et dire qu'il s'est trouvé des critiques assez farouches pour prendre par le mauvais côté de pareilles boutades au lieu d'en admirer l'esprit et le tour légendaire ; car ce diable d'homme était artiste jusques en causant et refaisait entre Louis-Philippe et son ministre la ballade du roi Dagobert :

> Le grand saint Eloy
> Lui dit : « O mon roi...

Ce que n'ont pas compris et continuent de ne pas comprendre les gens qui se fâchent !

Dans la correspondance du poète des *Reisebilder* figurent aussi plusieurs lettres adressées à Dumas, dont une très émue à propos de la mort de Marie Dorval: « Vos pages plutôt sanglotées qu'écrites et remplies d'une pitié presque cruelle m'ont fait verser bien des larmes ! Merci pour ces larmes, ou, pour mieux dire, pour ce prétexte de pleurer; car le cœur humain, cet orgueilleux chien de cœur, est ainsi fait que, quelque oppressé qu'il se sente, parfois il voudrait crever plutôt que chercher à se soulager par des larmes; ce chien de cœur orgueilleux doit être très content chaque fois qu'il lui est permis de se désaltérer de ses propres douleurs par des larmes, tout en ayant l'air de ne pleurer que sur les infirmités des autres. Merci donc pour vos pages attendrissantes sur Dorval ! »

Citons encore une autre lettre pleine de finesse narquoise sur Béranger: « Mais pourquoi ne venez-vous pas me voir, mon cher Dumas ? J'apprends que vous demeurez à présent dans la même rue d'Amsterdam, d'où j'ai déguerpi il y a quelque temps, pour résider dans les Champs-Élysées, 4, avenue Matignon, où vous me trouverez à toute heure. Ce n'est pas loin de chez vous et votre cabriolet pourrait vous y mener en cinq minutes. Ayez honte ! Tandis que vous, jeune homme, tardez à venir, un vieillard de soixante-quinze ans, qui demeure au Marais, et qui s'obstine à faire toutes ses courses à pied, enfin, notre illustre doyen Béranger, est venu me voir l'autre jour, malgré le mauvais temps qu'il faisait.

» Je n'avais pas vu Béranger depuis vingt-quatre ans, et je l'ai trouvé alerte comme un gamin de Paris. Une dame, dont vous devinez le nom et qui était présente lors de la visite de Béranger, était émerveillée de sa bonne mine, et, lorsqu'il nous disait qu'il avait soixante-quinze ans, elle ne voulait absolument pas l'en croire, et s'évertuait à soutenir qu'il ne pouvait avoir que soixante ans tout au plus. La réponse que lui fit le chansonnier m'a égayé pour toute la journée; car, avec un ton triste et malin et traînant doucereusement sur ses paroles : « Vous vous trompez, Madame, » dit-il, « et si vous pouviez me permettre de vous en donner » la preuve, je vous prouverais bien que vous avez » tort et que j'ai réellement mes soixante-quinze » ans. » Quel vénérable polisson ! »

Cette feinte bonhomie, où quelque chose de strident perce toujours, fut et restera le trait charmant et caractéristique de Heine; il revit dans ses lettres, comme il était dans sa conversation. Je le voyais alors chez lui, rue d'Amsterdam, et souvent en sortant de chez Dumas, qui demeurait à cette époque rue de la Chaussée-d'Antin. Nous nous étions rencontrés à dîner avec Balzac chez la comtesse Merlin, puis à l'Opéra et aux Italiens. Mon germanisme dans sa fleur me l'attirait. Alléché peut-être par le succès de ma traduction de *Faust*, il me demanda de traduire son *Buch der Lieder*. Mais je n'avais pas encore vingt ans et je courais d'autres aventures, ce qui fut cause que l'affaire ne se fit point. Nous n'en restâmes pas moins bons amis, si tant est qu'un homme se puisse vanter d'avoir jamais eu Heine pour ami. On le recherchait, on le goûtait, on le choyait et le célébrait sur tous les tons, sans réussir à le désarmer. « Je dois vous paraître bien ennuyeux, nous disait-il un jour après un moment de conversation ; c'est que, voyez-vous, quand vous êtes entré, notre ami X... sortait d'ici et je venais d'échanger mes idées avec les siennes. »

Et cet ami qu'il victimait ainsi à tout venant était alors en train de lui rendre le plus dévoué des services littéraires.

6.

II

La révolution de 1848 l'avait trouvé gisant sur son lit de misère, d'où jamais il ne se releva. Paralysé de tous ses membres, aveugle, incapable comme l'enfant, il ne subsistait que par l'intelligence, l'épilogueur survivait à l'homme; autour de cette tête blêmissante que la douleur transfigurait, il vous semblait vaguement voir flotter je ne sais quel nuage de poésie romantique d'où s'élançaient des essaims d'abeilles au dard empoisonné. Et cet esprit de haine était surtout le résultat des conflits de son existence; le sentiment et la raison ne cessaient de se chamailler en lui; Allemand, il était venu en France déverser au jour le jour l'insulte et la diatribe sur son pays et ne nous en aimait pas davantage ; enfant de la Muse romantique, il avait, dès ses premières dents, déchiqueté comme un louveteau le sein de sa mère ; né dans le judaïsme, il avait renié sa foi.

On ne trahit que ce que l'on a aimé, et c'est, de ce ferment d'amour indélébile que surgit la Némésis. Le juif se reproche son apostasie, le romantique défroqué rêve à la fleur bleue, le cosmopolite regrette et pleure la patrie absente, l'homme enfin s'en veut et se hait lui-même de ce masque de laideur qu'il s'est appliqué, de cette goutte d'acide sulfurique bêtement employée à précipiter en quelque mixture infernale tous les purs instincts de son âme. Mettez ensuite que la douleur physique intervienne, compliquant un pareil état moral de son travail aigu, lancinant, effroyable, et vous me direz si vous connaissez des gens qui oseront jeter la première pierre à de tels suppliciés, et les condamner, les damner pour une épigramme, une ironie, un blasphème de plus ou de moins. La nuit, quand on le laissait seul, que tous les pianos du voisinage avaient endormi leur tintamarre, il songeait au romantisme d'autrefois, voyait revivre les forêts étranges que peuplent des animaux silencieux ; ses pauvres yeux, fermés à la lumière du soleil, plongeaient dans la transparence des lacs féeriques au fond desquels dorment des peuples oubliés et des villes dont on entend de loin en loin sonner les cloches.

« Malgré la guerre d'extermination que j'ai faite au romantisme, vous savez, vous, que je n'ai jamais cessé d'être romantique. »

— Et vous l'étiez, pouvait-on lui répondre, plus encore que vous ne le supposez; votre haine, c'était de l'amour, tranchons le mot, de la jalousie; vous aimiez trop le romantisme pour ne pas détester un peu et même beaucoup les romantiques, tous ces polissons d'Arnim, de Novalis, de Brentano, qui s'avisaient d'être amoureux comme vous de la lune, que vous n'avez pourtant pas inventée, mon cher Heine, et qu'avec votre diable d'humeur accapareuse vous eussiez voulu être seul à courtiser.

Il en fut de sa philosophie comme de sa poésie; de même qu'il était resté romantique, il resta juif à travers tout :

« T'en être allé ainsi de sang-froid faire ta paix avec le bon Dieu! te traîner au pied de la croix! Lecture, ce sont bien là de tes coups! Oh! ce Schlegel, ce Haller, ce Burke! Penser que le vaillant d'hier, au jour d'aujourd'hui, n'est qu'un pleutre! »

Ce qui n'empêchait point le christianisme d'avoir ses heures, et c'étaient alors la philosophie et les philosophes qui payaient, comme on dit, les pots cassés; car il lui fallait jongler avec tout aux dépens de tout.

« Les maigres soupes d'hôpital que la charité

chrétienne distribue à la pauvre humanité, lui sont encore plus réconfortantes que l'affreux brouet aux toiles d'araignée de la dialectique hégélienne. »

Il est vrai que ces lunes béates duraient peu et qu'elles étaient suivies d'orageuses révoltes contre les injustices de la création :

« Qui a créé le mal? Et qui, lorsque Job sur son fumier l'interroge, ne répond jamais ? Assez de paraboles et d'hypothèses dévotes : abordons-les donc sans détour une bonne fois, ces damnées solutions. Pourquoi, saignant et misérable, le juste rampe-t-il sous le fardeau de sa croix, tandis que le méchant, sur sa monture altière, piaffe et triomphe ! A qui la faute ? Le Tout-Puissant n'est-il point par hasard tout-puissant? Et, s'il l'est, se complaît-il lui-même à ce méfait, ce qui serait la plus basse des abominations? Ainsi allons-nous tous, nous consumant en questions, jusqu'au jour où l'on nous vient fermer la bouche avec une poignée de terre. Mais, vrai, mon Dieu, cela s'appelle-t-il répondre? »

Nous constations aussi chez Heine un certain faible aristocratique qu'il tenait de sa haine invétérée du commun, du bourgeois, et qui le rapprocherait de M. Renan. Sans vouloir trop insister sur le parallèle, on peut relever diverses affinités entre ces esprits, philosophes tous deux, et tous deux théologiens, poètes, ayant le sens religieux dans l'imagination, et l'ironie. De ces deux hommes, également nés pour le combat de la libre pensée, l'un se porte bien, vit dans une époque de méthode expérimentale, de documentation scientifique. Aussi quelle onction suave, que de bénignité dans sa personne, d'harmonie et de lumière dans son style ! Son scepticisme ne s'avance qu'avec le rameau d'olivier dans la main, ses paradoxes n'ont rien d'offensant. Dans ce parterre charmant de la variété de ses pensées, vous aimeriez tout cueillir et tout emporter ; tandis que l'autre, cloué sur son lit de douleur, aveugle, torturé jusque dans les moelles, en était encore réduit à livrer bataille sur le vieux terrain de la théologie et d'une philosophie qui s'entêtait à ne voir dans l'homme qu'une abstraction.

III

Si je me suis oublié à parler si longtemps de Heine, c'est qu'en transcrivant ces lettres qu'il dictait à son secrétaire pour Dumas, soudainement le passé m'a repris. Je me suis vu, à trente ans de distance, entrant chez l'auteur des *Trois Mousquetaires* au sortir de chez l'auteur du *Romancero !* Je quittais la douleur, la plainte amère, plus amère encore cette fois-là que de coutume par le redoublement d'atroces souffrances, et je tombais en plein dans l'éblouissement de la vie.

Cette grande porte s'ouvrait non plus sur la désespérance, mais sur la santé et l'action, ces deux indispensables satellites dans l'humain parcours. Vous passiez des ombres de la mort à l'explosion de la lumière du soleil; des conversations à haute voix, un remue-ménage, un mouvement d'usine! Les discussions vibraient dans l'air; vous marchiez sur des mots d'esprit comme sur des pois fulminants, et, dans les rapides intervalles de silence, vous entendiez une plume tranquillement, allègrement, arpenter le papier : c'était Dumas attablé à sa besogne quotidienne et qui, sans interrompre sa calligraphie, vous tendait sa main gauche en souriant. Aucun vacarme ne le gênait, une parole ici et là jetée au travers de la conversation vous prouvait même qu'il y prenait part, tout en s'isolant; ce que les contemporains de Rossini se souvenaient de l'avoir vu faire pendant qu'il écrivait l'ouverture de *Guillaume Tell*.

Heine avait un goût particulier pour Dumas, il le préférait à Victor Hugo et le trouvait plus Français : « Les meilleurs poètes tragiques en France sont toujours, jusqu'à ce moment, Alexandre Dumas et Victor Hugo; je nomme celui-ci en second parce que son action n'est ni aussi grande ni aussi heureuse que celle de son rival. Victor Hugo a de l'imagination, le pouvoir créateur, l'intuition, et, de plus, un certain défaut de tact qu'on ne trouve jamais chez les Français, mais seulement chez nous. Son esprit manque d'harmonie; je pourrais dire de sa muse ce qu'on dit des belles Anglaises : elle a deux mains gauches. Alexandre Dumas n'est pas poète à l'égal de Victor Hugo, tant s'en faut; mais il a des qualités avec lesquelles il peut réussir mieux que lui au théâtre, il dispose de cette expression immédiate de la passion que les Français appellent verve, et sous beaucoup de rapports il est plus Français que Hugo. »

VIII

Dumas chez lui. — La question d'argent. — Les femmes.— La troupe de Dumas. — Ses comédiens: Frédérick, Marie Dorval, Bocage, — et nos comédiens. — Le système des *étoiles*. — Les recettes d'alors et celles d'aujourd'hui. — Ce qui tuera chez nous l'art dramatique.

I

Dumas a gagné trois ou quatre millions, et sa vie entière s'est débattue au milieu des embarras d'argent. Il n'était pourtant ni joueur, ni buveur, ni viveur, n'entretenait aucun faste.

« Le Plutarque qui écrira ma vie, disait-il, ne manquera pas de raconter que j'étais un panier percé, en oubliant d'ajouter, bien entendu, que ce n'était pas toujours moi qui faisais les trous au panier. »

Ce n'était pas toujours en effet lui qui les faisait, mais il les laissait faire et le plus souvent par des mains de femmes qui s'y entendaient. Généreux au delà du possible, ne comptant jamais, incapable de rien conserver, il n'avait en vue que son travail, qu'il ne quittait pas même pour manger. On lui apportait ses repas sur un guéridon roulé à côté de sa table à écrire, et, sans s'interrompre, il déjeunait ainsi, dînait, soupait à fond, dévorant indifféremment tout ce qu'on lui servait. En général, ce qu'il ne donnait pas, il se le laissait prendre avec une bonne grâce d'incurie presque touchante. « Je n'oublierai de ma vie, nous racontait Dumas fils, un mot bien curieux qu'il m'a dit. C'était à Saint-Germain, en 1843, son chien l'avait mordu à la main et très profondément ; il dictait de son lit, ne pouvant écrire. On lui avait apporté dans la journée six cent cinquante francs, c'était tout ce qu'il possédait à la maison ; j'allais coucher à Paris, je lui dis : Je prends cinquante francs, il me répond :

» — Tâche de me laisser cent francs.

» — Comment cent francs ? Je te dis que je prends cinquante francs !

» — Pardon ! j'avais entendu six cents francs.

» Il croyait que je lui prenais six cents francs sur six cent cinquante et trouvait cela tout naturel. »

Une autre fois, en 1860 ; c'est encore Dumas fils qui parle :

« Une autre fois, j'arrive chez lui ; il travaillait :

» — Comment vas-tu ?

» — Je suis très fatigué.

» — Repose-toi.

» — Je ne peux pas.

» — Pourquoi ?

Il ouvre son tiroir et me montre deux louis :

» — Quand je suis arrivé à Paris, en 1822, j'avais 53 francs ; tu vois que je n'en ai plus que 40 ; tant que je n'aurai pas rattrapé les 13 francs qui me manquent, il faudra que je travaille. »

En fait de parasites, il n'en existe pas de pires que certaines femmes, et ce fut aux mains rapaces de celles-là que Dumas s'abandonna tant qu'il vécut. Quand l'une sortait, entrait l'autre. Car il fallait que la place ne restât jamais vide, et la favorite disgraciée allait du soir au lendemain s'installer ailleurs, emportant jusqu'au mobilier.

« Prenez tout, leur criait le maître, présidant au déménagement et décrochant lui-même les tableaux, mais par grâce, au moins, laissez-moi mon génie ! ».

Et l'enfant, témoin de ces intermèdes extra-romantiques et qui avait entendu : « laissez-moi mon gilet », se demandait, fort intrigué, ce que ce vêtement si précieux pouvait bien contenir de monnaie. Or, comme ce jeu-là se répétait au moins une fois l'an, vous vous imaginez quelle fête pour les tapissiers et quelle ruine pour le poète ! Ce mâle puissant avait besoin de sentir la femme dans l'atmosphère où il se dépensait et se renouvelait incessamment. C'était pour lui ce que le café, le vin, l'absinthe, le tabac, furent, sont et seront pour d'autres. Certains organismes ne peuvent pas absorber les éléments extérieurs sans les rejeter aussitôt dans la masse commune sous une autre forme.

Chez Dumas, au moral comme au physique, l'absorption, l'assimilation et la transmutation de ces éléments étaient si rapides, si impérieuses, qu'il lui fallait les éliminer au plus vite. Il y avait en lui un véritable fonctionnement d'usine avec vapeur, broiements, roues, pilons, flammes, tapages, rythmes et chances d'explosion. La femme cultivée et psychologique n'entrait ni dans ses mœurs ni dans son esthétique. Celle-ci, celle-là, peu lui importait, pourvu qu'elle habitât sous son toit et qu'il fût libre de la remplacer à volonté : ce qui fit que, dans sa vie privée, il se montra si médiocrement délicat sur le choix de ses maîtresses, et que, dans son théâtre comme dans ses romans, la femme est presque toujours sacrifiée et conventionnelle, à moins qu'elle n'ait comme Christine ou Milady un caractère qui la rapproche des énergies viriles; l'action, toujours l'action ! Au regard d'un tempérament tel que le sien, la femme devenait un être simplement passif, une manière de poupée ou de serinette à faire un bruit agréable dans la vie d'un homme occupé. Ses figures de femmes sont généralement langoureuses, poétiques d'allures, un peu bleuâtres et placées là pour donner la réplique à l'homme. Antony est supérieur à Adèle, Yaqoub à Bérengère, Richelieu à madame de Prie, d'Aubigné à mademoiselle de Belle-Isle. Quand je dis l'homme, c'est le mâle que je devrais dire. Dumas aimait les femmes, il n'aimait pas la femme, encore moins une femme ; il en est mort.

On s'est demandé à quoi avait passé l'argent qui lui a glissé entre les doigts? Tout ceci l'explique. Il se peut aussi que l'on se soit exagéré la somme de ses profits et qu'il faille en rabattre. Ce qu'il y a de certain, c'est que Dumas n'a point gagné par le théâtre autant d'argent que par ses livres. Quand il commença, les grands succès donnaient vingt-cinq représentations, trente au plus. Notez, en outre, que ces grands succès avaient à lutter contre les émotions de la politique : tous les soirs, des rassemblements ; à défaut d'émeutes, une irritation populaire continue attirant beaucoup de monde sur les boulevards et très peu au spectacle. *Henri III, Antony, Mademoiselle de Belle-Isle,* succès énormes qui, aujourd'hui, fourniraient une carrière de cent trente à cent cinquante représentations, se jouaient vingt-cinq fois devant des recettes de quinze cents à deux mille francs.

II

Avec Dumas fils, déjà le niveau s'élève, *la Dame aux Camélias*, le *Demi-Monde* donnent en moyenne des recettes de trois mille à trois mille quatre cents francs ; suivez la progression et vous arriverez par degrés aux chiffres d'à présent, c'est-à-dire à des moyennes de quatre mille francs dans les théâtres de genre et de six mille cinq cents francs au Théâtre-Français. La *Princesse de Bagdad* produit cinquante représentations à six mille trois cents francs, l'une dans l'autre, et c'est une chute ; et quand elle ne fait plus que six mille neuf cents francs, on l'interrompt. Jouez donc Shakespeare en de pareilles circonstances, essayez de vous hausser jusqu'à la conception d'un théâtre musée, d'une grande scène à la fois nationale et cosmopolite, ce que la Comédie-Française devrait être autant que l'Opéra. Jouer Shakespeare ! mais un ministre des Beaux-Arts, qui serait un vrai ministre, l'obtiendrait à peine d'une compagnie de sociétaires accoutumés désormais à des dividendes annuels de quarante et cinquante mille francs, et d'un directeur également asservi et médusé par son objectif financier.

Aux Variétés, la *Femme à Papa* fait deux cents représentations de suite à quatre mille francs en moyenne, soit huit cent mille francs ; au Palais-Royal, *Divorçons*, en trois cents représentations, fait un million et demi ! Si le vieux Dumas, aujourd'hui, revenait au monde littéraire avec son imagination et sa fécondité, il toucherait de cinq à six cents mille francs de droits d'auteur par an.

C'est probablement ce qui tuera chez nous l'art dramatique. L'art vit de misère et meurt de bien-être ; le public actuel ne demande plus à une pièce d'être une pièce et de dire en bon style quelque chose de nouveau ; il veut des acteurs ; il veut surtout l'actrice : Sarah Bernhardt, Chaumont, Granier, Judic. Telle misérable platitude habilement et licencieusement rendue par une de ces dames va le mettre en liesse et largesses, tandis que, en hommes, un talent équivalent ne donnera que le tiers de ce résultat. De nos jours, Talma serait battu par Sarah Bernhardt ; nous ne cherchons et ne recherchons que des virtuosités féminines, des étoiles substituant leurs personnalités aux personnages faux qu'elles représentent et leur valeur formelle et palpable à la non-valeur de l'auteur. L'art ainsi pratiqué devient la chose du monde la plus facile. Il suffit d'une qualité — d'une seule — pour nous faire croire à une individualité remarquable.

Le public de théâtre, en général peu intellectuel, purement impressif, subit et ne discute pas. C'est ce qui le rend, à certains jours, aussi ingrat qu'il fut enthousiaste.

Quittons maintenant le terrain de l'actualité, prenons le grand comédien d'une période illustre, celle où vécurent Dumas et Victor Hugo; que de froissements et d'antagonismes! Deux amours-propres en présence, deux renommées : l'auteur, qui prétend que le comédien se plie à sa pensée, se subordonne à son intention; l'acteur, qui veut le succès par les moyens et les procédés qui lui sont naturels, qui ne se rend jamais compte de l'ensemble d'une œuvre et ne connaît que son rôle dont il étudie les dessous comme les effets.

L'auteur, jaloux de son talent, de son génie, se dit : Quand une pièce est excellente, c'est bien le diable si l'acteur n'y est pas excellent.

Le comédien, au contraire, n'a qu'une idée, qu'un rêve, s'entendre dire le lendemain : « Votre pièce d'hier est détestable, et, sans vous, ne serait pas allée jusqu'à la fin. »

De là aussi, ce penchant du grand comédien à jouer de préférence les morts qui, eux du moins, ne le contredisent pas, et les petits auteurs vivants qui se soumettent. Et puis, souvenons-nous qu'il est bien difficile pour un interprète applaudi, acclamé, de discerner quels sont les applaudissements qui s'adressent à lui et quels sont ceux qui s'adressent à l'auteur. Il les confond et, dans le doute, il se les attribue tous. Souvenons-nous des conseils que donne Hamlet aux comédiens, relisons les critiques de l'*Impromptu de Versailles* sur le même sujet, et confessons qu'il faut que cet orgueil de l'interprète soit terriblement grand pour que Molière se montrât plus fier de la manière dont il jouait le *Misanthrope* que de la manière dont il l'avait écrit.

III

On peut donc supposer qu'il y eut entre Dumas et les grands comédiens auxquels il avait affaire, beaucoup de ces contestations inévitables et en quelque sorte professionnelles ; mais, avec une nature ouverte, abondante et facile comme la sienne, les désaccords ne tiraient point à conséquence.

Moins commode à vivre et moins bon enfant, Hugo, lui, ne pardonnait jamais. Après cinquante ans, il en veut encore aujourd'hui à mademoiselle Mars de s'être cabrée à l'aspect du « lion superbe et généreux », et d'avoir, non sans quelque vérité, émis cette observation que lion, en pareil cas, était absurde, et que dire « seigneur » était plus simple. Son fameux *speech* à propos du cinquantenaire d'*Her-*

nani, dans lequel il immolait à mademoiselle Sarah Bernhardt la créatrice du rôle de doña Sol, faisait naguère encore savoir au monde que sa rancune n'avait pas désarmé.

Il y eut de tout temps dans les arts, et en particulier dans l'art du comédien, deux manières en présence : la manière officielle des Conservatoires qui règne aujourd'hui au Théâtre-Français et celle des talents originaux qui prévalait alors. Un auteur ayant à sa disposition des artistes de l'envergure et de l'originalité de Frédérick et de Bocage sent augmenter en soi la puissance dramatique qui, non seulement n'ose pas se manifester quand il ne traite qu'avec des acteurs de second ordre, mais serait en ce cas plutôt dangereuse; instruit et stimulé par l'exemple de son comédien, un auteur en arrive à chercher et à concevoir des caractères, des types, des passions en rapport immédiat avec ce tempérament particulier, et l'art finalement bénéficie de la rencontre. Je dis plus, une fois placé sur ce terrain, l'auteur, s'il a de la patience, une certaine malice et surtout assez de bon sens pour ne pas se croire infaillible, utilisera, exploitera même les idées de son interprète à la condition toutefois de n'y pas mettre de parti pris : un conseil, fût-il dicté par l'intérêt personnel, peut être bon à suivre.

Dumas avait cette qualité de savoir écouter l'avis des autres et de ne pas toujours commencer par se déclarer impeccable. En présence d'artistes tels que ceux qui le servaient et l'assistaient, il se souvenait de Garrick inventant le second dénouement de *Roméo et Juliette* et prouvant qu'un acteur peut, dans une circonstance, être plus auteur dramatique que le plus grand auteur dramatique du monde. Veut-on un autre témoignage plus contemporain? Prenons le duo des *Huguenots* refait par Meyerbeer sur un conseil donné par Nourrit et donné dans un intérêt tout personnel. Quoi de plus simple que Dumas, doué d'un naturel s extraordinairement enclin à l'assimilation, écoutât la leçon de ses comédiens? Il collaborait avec eux comme il collaborait avec tout le monde ; ne perdant pas une occasion de s'instruire à la fréquentation des hommes spéciaux et ne parlant jamais de ce qu'il ne savait qu'au vulgaire. Quand un Frédérick-Lemaître, un Bocage, une Marie Dorval appelait son attention sur un point ou lui proposait un sujet, il tenait compte de l'avertissement et de l'idée.

C'est Frédérick qui lui a fait faire de *Kean* un chef-d'œuvre comme théâtre, un rôle unique pour jeter et précipiter en toute lumière un génie aussi puissant, aussi varié que celui de son comédien [1].

---

[1] « La réputation de Dumas qu'on disait obscurcie a reparu dans tout son éclat; il y a là une création, un vrai tableau de la vieille Angleterre, et j'ai cru voir devant mes yeux feu Edmond Kean, que j'y ai vu tant de fois. » Heine. *Lettres à Auguste Lewald.*

Tragédien sublime et farceur incomparable, Frédérick était, comme Kean, un de ces hommes dont les terribles bouffonneries font pâlir de frayeur Thalie et sourire de bonheur Melpomène. L'illusion que Frédérick produisait dans le rôle de Kean provenait sans doute en grande partie d'une étonnante affinité géniale ; car, physiquement, les deux acteurs ne se ressemblaient pas, bien au contraire : Kean, petit, ramassé, rabougri, presque laid ; Frédérick, grand, superbe d'attitude, le visage et le geste imposants, mais tous les deux, natures exceptionnelles, tous les deux, par certains mouvements subits, par un son de voix étrange et par un regard plus étrange encore, — sachant rendre non pas seulement les sentiments vulgaires, mais tout ce que le cœur d'un homme peut enfermer de bizarre, de ténébreux et d'inouï.

Antony, sans les yeux de Bocage, noirs, brillants, enfoncés, d'un magnétisme lancinant et fatal, sans ses joues pâles et creuses, sa maigreur maladive, ses petits hoquets semblables à des sanglots accumulés depuis des années dans sa poitrine, Antony, sans cet interprète, devenait impossible, le ridicule l'eût achevé. Si Dumas fils, lorsqu'à son tour il donna la *Femme de Claude*, avait eu Marie Dorval et Frédérick, quel succès n'eût pas remporté son drame, resté incompris !

Admirable dans les scènes de genre, Desclée n'avait pas l'expression du grand art, elle n'en avait que l'aspiration et l'intelligence ; les moyens extérieurs lui faisaient défaut ; quant à Landrol, qui devait représenter l'homme de travail, l'idée et la conscience, il avait l'air d'un parfait contremaître. C'est là, quand le comédien réussit à s'identifier avec votre pensée, à l'incarner en soi, qu'il faut lui rendre vraiment témoignage et lui attribuer, dans son art, une place d'autant plus grande qu'il ne peut l'occuper que de son vivant et qu'il ne reste rien de lui qu'un point de comparaison bien vague parmi ses contemporains.

IV

Le vieux Dumas, tout en reconnaissant l'immense valeur de ses interprètes, n'en avait pas moins ses moments de révolte et vous l'eussiez alors entendu déblatérer à cœur ouvert contre les mauvaises volontés, la sottise et l'amour-propre des Bocage et des Frédérick : car force est bien aussi d'admettre que l'auteur qui a vécu avec son idée, qui l'a tournée et retournée dans tous les sens, qui croit l'avoir amenée à sa forme définitive, soit impatient de la voir comprise et rendue, tandis que, pour la composition de son rôle, l'acteur doit, à son tour, passer par les mêmes chemins, les mêmes obscurités, les mêmes tâtonnements.

En général, chez les actrices, la perception — remarquez que je ne dis pas l'intelligence, — la perception est plus rapide. Elles s'assimilent plus vite, sinon la pensée, du moins le sentiment de l'auteur; elles comprennent et rendent avec leur émotion personnelle. C'est, du reste, un trait ordinaire dans la physiologie de la femme qui reçoit une sensation et rend une forme. Elle a une extase, elle rend un enfant; plus l'extase est profonde, plus l'enfant est viable : de là, ce dicton sur les enfants de l'amour. Le mystère de l'Incarnation n'a pas d'autre principe; cette fois, l'extase, dégagée de tout élément humain, est absolument pure et la Vierge enfante un Dieu. Nous voilà bien loin du théâtre; la distance n'est qu'apparente, rappelons-nous ceci : il n'y a pas d'actrices dans le sens *artistique* du mot, il n'y a que des femmes. Si la comédienne n'est pas doublée d'une femme nerveuse, passionnée, ardente, malheureuse, malade, la comédienne n'existe pas. Un des plus admirables types de cette subjectivité fut Marie Dorval, une vraie victime, celle-là, la vierge folle du martyrologe! Quant à l'actrice impersonnelle ou comme qui dirait au Coquelin femelle : *rara avis;* autant vaudrait parler du merle blanc et du phénix!

La femme n'a point comme l'homme la faculté de se dédoubler, de réserver ses profondeurs en ne livrant que les surfaces. Le comédien peut être sublime sans être ému, et même quelquefois sans comprendre; l'intelligence et l'émotion, deux choses au contraire indispensables à la femme! Un minimum d'études, et c'est assez pour elle. Vous verrez cela aux concours du Conservatoire; sur vingt élèves hommes, il n'y en a souvent pas un dont on puisse tirer parti; sur vingt élèves femmes, il y en a douze, quelquefois quinze, dont on ferait sinon des Rachel ou des Déjazet, du moins des Reichemberg et des Samary, qui sont l'expression exacte de ma théorie; seulement, pour les amener là, il faudrait tout de suite se rendre compte de leurs natures particulières et les intéresser, comme femmes, aux personnages qu'on leur donne à représenter. Aussi, quand on les fait répéter (je parle ici des comédiennes qui ont dépassé la moyenne), aussi doit-on leur imposer l'émotion de leur rôle jusqu'à ce qu'elles en souffrent, jusqu'à ce qu'elles en crient. Meyerbeer, que j'ai cité tout à l'heure et qu'il faut toujours citer quand on parle théâtre, faisait un jour répéter Valentine à la plus affectionnée de ses cantatrices. Il voulait absolument obtenir d'elle une note qu'elle pouvait donner, mais qu'elle ne voulait pas donner parce qu'elle savait trop bien dans quel état elle allait être après. Elle finit par la donner et forcée de s'asseoir immédiatement avec de gros battements de cœur :

— Vous me tuerez, vous! lui dit-elle.

— Je le sais, répondit Meyerbeer, mais cela m'est nécessaire.

Quelque chose de pareil est arrivé, je crois, à

Dumas fils avec Aimée Desclée, à propos de la *Princesse Georges*. Madame Doche, dont le nom seul de la *Dame aux Camélias* évoque aussitôt le souvenir, fut une actrice médiocre et pourtant jamais succès pareil au sien ne se vit dans ce rôle. C'est que l'actrice n'y était pour rien ; c'était la femme qui vivait le personnage.

Dumas s'entendait très bien avec ses actrices qu'il aimait toutes plus ou moins passionnément, cela va sans dire, mais en leur préférant madame Dorval, la Dorval d'*Antony*, de *Chatterton* et de *Marion Delorme*.

Et qui ne l'eût aimée et préférée : cœur, esprit, talent, elle avait tout avec abondance et récidive. Ni belle ni jolie, elle était pire et vous cédiez. Certains chapitres des Mémoires de Dumas vous diront ce qu'était la femme, son naturel, sa force de compréhension, d'expression et de vibration, et la préface de *Chatterton* vous apprendra jusqu'à quel degré cette organisation, assurément point aristocratique, se pouvait hausser dans l'idéal. Il est vrai qu'elle ne parlait pas de « sa voix d'or » et ne se mêlait ni d'écrire, ni de peindre, ni de sculpter. Comment en aurait-elle trouvé le temps sans galvauder sa vocation? Et ses études, ses répétitions, ses auteurs, son théâtre qui ne lui laissaient ni paix, ni trève?

A ce métier, on vit bourgeoisement et durement, on ignore les lambris dorés, les petits hôtels et les grands couverts; on travaille, on s'use à la peine, en ayant pour unique objectif son art et non « l'art », ce gros mot qui ne veut rien dire et que le charlatanisme ayant cours jette en pâture aux imbéciles. Toujours en verve imaginative ou sentimentale, elle était à l'action et au conseil; toute composée d'éléments qui se combattent, elle me faisait l'effet d'une enharmonique, et je n'ai jamais mieux senti que par elle combien il est absurde de tant discuter lequel doit passer le premier de l'auteur ou du comédien, de celui qui produit ou de celui qui reproduit, qu'après tout ils ne peuvent aller l'un sans l'autre.

J'ai parlé plus haut du *Sire de Giac*, un de ces nombreux dérivés de la ballade de *Lénore* qui tournait alors toutes les têtes, et que Scheffer venait de prendre pour sujet d'un joli tableau de cabinet, mais où règne une mélancolie douce et presque sereine en parfait désaccord avec le terrible drame qu'on se représente.

— Faites-moi donc une vraie Lénore, me dit-elle un jour, c'est une idée, n'est-ce pas?

— Peut-être, mais ce serait du temps perdu.

— Pourquoi?

— Parce que un drame de *Lénore* ne saurait être que résolument fantastique...

— Mais c'est bien ainsi que je l'entends.

—... Et que chez nous, le fantastique n'a jamais réussi qu'à l'Opéra, quand Weber ou Meyerbeer le mettent en musique, ou qu'à l'Opéra-Comique, quand Scribe le met sur l'affiche pour s'en amuser et s'en moquer comme dans la *Dame Blanche*.

— Bast! écrivez la pièce et je vous réponds, moi, d'avoir raison du public.

— Du public, je n'en doute pas; mais des frères Cogniard, c'est une autre affaire.

L'idée étant de son inspiration, elle y tenait et m'envoya Villemot très avant dans la confiance des directeurs de la Porte-Saint-Martin et qui se chargea de lever toutes les difficultés. C'était un songe. La pièce écrite, ce que j'avais prévu arriva, madame Dorval enchantée, Villemot ravi, et les frères Cogniard invinciblement réfractaires. Quant à moi, je partis pour l'Allemagne. Quelque temps après, je reçus à Munich une lettre de Marie Dorval qui me disait que *notre Lénore* était en répétitions, mais que, dans son envie de créer le rôle, elle avait dû consentir aux transactions les plus navrantes. « Enfin, écrivait-elle, j'ai sauvé tout le premier acte, mais vous verrez quel dénouement ils vous ont fait! » Le dénouement de *la Grâce de Dieu* : le cavalier de la Mort devenait un hussard très pathétique, Lénore épousait Wilhelm et tout le monde s'embrassait comme dans une idylle! Je n'oublierai jamais la catastrophe de ce dénouement florianesque tombant à pic sur une salle en proie à toutes les épouvantes du surnaturel. Pauvre Dorval, qui venait pendant trois heures de jouer « comme si c'était arrivé », et se rompait le cou, prise dans les ficelles du vieux mélodrame ! Et dire qu'elle soutint la lutte sans broncher et qu'à force de génie et d'héroïsme, elle poussa jusqu'à la cinquantième représentation une aussi misérable platitude !

— C'est égal, me dit Hippolyte Cogniard le lendemain de cette première représentation, — vous avez eu raison contre nous et je m'engage à jouer les yeux fermés le prochain ouvrage que vous me donnerez.

Flatteuse invite qui me laissa froid, non que je pense que ceux-là seuls que nous appelons « des hommes de théâtre » aient le privilège d'aborder la scène ; mon opinion est au contraire que, sans appartenir précisément à la catégorie des gens à vocation spéciale, tout poète et tout écrivain porte en soi une pièce ou deux qu'il se doit de composer, fût-ce comme un simple résumé de ses observations et de ses expériences. Mais ce ne sera jamais là qu'une sorte de théâtre irrégulier qu'il faut traiter en dilettante, sans arrière-pensée autre que la question d'art et en prenant le temps comme il vient.

C'est ainsi qu'en dehors de cette école buissonnière de la vingtième année, il m'est arrivé à moi, simple promeneur au pays des idées, d'écrire deux pièces qui ne seront jamais représentées, l'une en prose, le *Goethe* dont Meyerbeer a composé les intermèdes, et l'autre en vers, *Pétrarque,* c'est-à-dire, le poète envisagé sous son double aspect d'objectivité pratique et de subjectivité lyrique impropre aux résultats.

VI

Ces gens-là, les Frédérick, les Dorval, les Bocage, sont tous morts pauvres pour s'être dit : Soyons d'abord de grands artistes. Ils ont cru que la fortune leur viendrait par surcroît et la fortune n'est pas venue. Aujourd'hui, nous avons renversé la proposition, et la pluie d'or tombe à torrents.

Mademoiselle Georges, bien qu'elle ait figuré avec honneur dans cette troupe et rendu de grands services au romantisme en jouant Christine, Marguerite de Bourgogne, Lucrèce Borgia, mademoiselle Georges appartenait aux traditions d'une autre école; elle était de l'Empire et son talent empruntait à cette époque une certaine redondance, une majesté factice, une puissance quelque peu cotonneuse qui, du reste, faisait encore illusion. Tout ce monde féminin frayait avec Dumas sur le pied de l'intimité la plus joyeuse ; jamais il ne se querellait, ne se brouillait ; étant donné son genre d'esprit et d'humeur, l'incident trop fameux du vers d'*Hernani* devenait impossible ; il eût, du premier coup, démuselé son « lion superbe » et concédé de gaieté de cœur à mademoiselle Mars la variante qu'elle demandait. Dans cette vie de coulisses que chacun d'eux menait à sa guise, Victor Hugo jouait le dieu ; lui, faisait l'homme et très gaillardement, profitant des grands et petits avantages de sa virilité.

Ceux qui seraient tentés de voir revivre le Dumas d'*Henri III* et d'*Antony* n'ont qu'à s'arrêter devant la boutique d'un marchand d'estampes de la rue Bonaparte. Ils trouveront là toute la galerie des artistes du temps : Frédérick-Lemaître, Bocage, madame Dorval, Déjazet, Louise Despréaux, Léontine Fay, madame Albert, les uns demeurés historiques, les autres oubliés. Le Dumas et le Victor Hugo de cette collection Devéria sont remarquables par la juvénilité de la physionomie ; élancés, souriants et fringants dans leurs habits du jour, ils ont la grâce confiante des prédestinés. Dumas surtout, avenant, rayonnant, exubérant et riant d'aise à la vie, au plaisir, au succès ; l'aventurier hâbleur et superbe au pays de la fantaisie et de la sensation ; celui dont, après l'immense succès des *Impressions de voyage et du Spéronare,* on disait qu'il avait découvert la Méditerranée.

L'auteur du *Bourgeois de Gand,* drame qui, jadis, eut à l'Odéon son heure de célébrité, M. Hippolyte Romand, nous a aussi laissé de Dumas une silhouette prise sur le vif et qui nous le livre bien tel qu'il était vers 1847 au plein de son activité militante et productive : « Passionné par tempérament, rusé par instinct, courageux par vanité, bon de cœur, faible de raison, imprévoyant de caractère. C'est tout Antony pour l'amour, c'est presque Richard pour l'ambition, ce ne sera jamais Sentinelli pour la vengeance. Superstitieux quand il pense, religieux quand il écrit, sceptique quand il parle, léger même dans ses plus fougueuses ardeurs, son sang est une lave, sa pensée une étincelle, l'être le moins logicien qui soit, le plus antimusical que nous connaissions, menteur en sa qualité de poète, généreux parce qu'il est artiste et poète ; trop libéral en amitié, trop despote en amour, vain comme une femme, ferme comme un homme, égoïste comme Dieu, franc avec indiscrétion, obligeant sans discernement, oublieux jusqu'à l'insouciance, vagabond de corps et d'âme, cosmopolite par goût, patriote d'opinion, riche en illusions et en caprices, pauvre de sagesse et d'expérience ; gai d'esprit, médisant de langage, spirituel d'à-propos, don Juan la nuit, Alcibiade le jour, véritable Protée échappant à tous et à lui-même ; aussi aimable par ses défauts que par ses qualités ; plus séduisant par ses vices que par ses vertus, voilà M. Dumas tel qu'on l'aime, tel qu'il est. »

Maintenant si nous voulons un portrait de maître, Dumas fils va nous le donner dans sa préface du *Fils naturel* où la figure vue à la fois de détail et d'ensemble, interrogée jusqu'en ses origines, s'enlève de toute vigueur sur le tableau du mouvement contemporain. « A ce siècle né pour tout dévorer tu étais bien l'homme qu'il fallait, toi né pour toujours produire. Du reste, que de précautions la nature avait prises, quelles provisions elle avait faites en toi pour les appétits formidables qu'elle était forcée de prévoir ! C'est sous le soleil de l'Amérique, avec du sang africain, dans le flanc d'une vierge noire qu'elle a pétri celui dont tu devais naître et qui, soldat et général de la République, étouffait un cheval entre ses jambes, brisait un casque avec ses dents et défendait, à lui tout seul, le pont de Brixen contre une avant-garde de vingt hommes. Rome lui eût décerné les honneurs du triomphe et l'eût nommé consul. La France, plus calme et plus économe, refusa le collège à son fils, et ce fils, élevé en pleine forêt, en plein air, à plein ciel, poussé par le besoin et par son génie, s'abattit un beau jour dans la grande ville et entra dans la littérature comme son père entrait dans l'ennemi. Alors commença ce travail cyclopéen qui dure depuis quarante années. Tragédie, drame, histoire, romans, voyages, comédie, tu as tout rejeté dans le moule de ton cerveau et tu as peuplé le monde de la fiction de créations nouvelles. Tu as fait craquer le journal, le livre, le théâtre, trop étroits pour tes puissantes épaules, tu as alimenté la France, l'Europe, l'Amérique ; tu as enrichi les libraires, les traducteurs, les plagiaires ; tu as essoufflé les imprimeurs, fourbu les copistes et, dévoré du besoin de produire, tu n'as peut-être pas toujours éprouvé le métal dont tu te servais; et tu as pris et jeté dans la fournaise, quelquefois au hasard, tout ce qui t'est tombé sous la main : le feu intelligent a fait le partage. Ce qui venait de toi s'est coulé en bronze, ce qui venait d'ailleurs s'est évanoui en fumée. Tu as battu ainsi bien du mauvais fer ; mais en revanche, combien parmi ceux qui devaient rester obscurs se sont éclairés et chauffés à la forge et si l'heure des restitutions sonnait, quel gain pour toi, rien qu'à reprendre ce que tu as donné et ce qu'on t'a pris ! Quelquefois tu posais ton lourd marteau sur ta large enclume, tu t'asseyais sur le seuil de la grotte resplendissante, les manches retroussées, la poitrine à l'air, le visage souriant; tu t'essuyais le front ; tu regardais les calmes étoiles, y respirant la fraîcheur de la nuit, ou bien tu te lançais sur la première route venue, tu t'évadais comme un prisonnier; tu parcourais l'Océan, tu gravissais le Caucase, tu escaladais l'Etna, toujours

8.

quelque chose de colossal; et les poumons remplis à nouveau, tu rentrais dans ta caverne. Ta grande silhouette se décalquait en noir sur le foyer rouge, et la foule battait des mains; car, au fond, elle aime la fécondité dans le travail, la grâce dans la force, la simplicité dans le génie et tu as la fécondité, la simplicité, la grâce et la générosité, que j'oubliais, qui t'a fait millionnaire pour les autres et pauvre pour toi. Puis, un jour, il y a eu distraction, indifférence, ingratitude de la part de cette foule attentive et dominée jusqu'alors. Elle se portait autre part, elle voulait voir autre chose; tu lui avais trop donné : c'était nous qui étions venus! Nous les enfants, nous les petits, qui avions poussé pendant ce temps-là et qui faisons le contraire de ce que vous aviez fait, vous les grands. »

IX

Les *Minores* du romantisme. — Tirailleurs, fantoches
et bohèmes.

I

Le vers, dont Victor Hugo se fait un véhicule si puissant pour emporter dans les nuages des choses et des personnages qui, à terre, ne se tiennent pas, le vers, chez Dumas, est toujours un obstacle ; il le surmonte, mais au prix d'efforts dont vous souffrez vous-même ; c'est un perpétuel écorchement de Marsyas où se fait sentir par moments la main d'un Apollon. Sa médiocrité comme rimeur lui revient sans cesse ; parlant d'un oublié, Cordelier Delanoue, il dira : « Pourquoi dans la carrière que nous avons parcourue ensemble, a-t-il moins bien réussi que moi ? je n'en sais rien. Il avait certes autant d'esprit que moi et *il fait incomparablement mieux les vers que moi.* » Tout cela est vrai et cependant on ne peut que regretter qu'il n'éxiste pas un recueil des poésies d'Alexandre Dumas. Nombre de pièces disséminées dans les douze volumes des *Annales romantiques* et perdues dans les albums du temps manquent à notre information. Nous savons la médiocrité de son vers tragique ; peut être son vers simplement lyrique vaut-il mieux ? En tous les cas, on aimerait y aller voir.

Asselineau, dans sa *Bibliographie*, nous cite bien quelques titres : *le Sylphe, les Ames, Mazraël, la Grande Chartreuse*, mais là se borne le renseignement ; de ce qu'étaient ces poèmes, de ce qu'ils sont devenus, pas un traître mot. Son livre, qui foisonne de détails sur les plus infimes, néglige les grands. Dumas et Victor Hugo y tiennent moins de place que telle médiocrité dont une illustration de Célestin Nanteuil lui recommande les vers. L'auteur — on l'appelait le doux Asselineau — s'attache principalement aux vignettes, art charmant des Johannot, des Devéria, des Gigoux, des Célestin Nanteuil, et sa grande affaire est d'inventorier les frontispices cotés désormais à des prix qui l'étonnent lui-même. Peut-être y aurait-il eu quelque chose de neuf et d'attrayant dans cette reconstitution d'une littérature par les images, mais alors, il aurait fallu pouvoir reproduire ces images ; tandis qu'ici tout se passe en descriptions et en panégyriques souvent prudhommesques.

Joseph Bouchardy illustrait alors les *Rhapsodies*

de Pétrus Borel au moyen d'un frontispice représentant un jeune homme coiffé du bonnet phrygien, en chemise et bras nus, un large couteau à la main, car l'auteur de *Lazare le Pâtre* était graveur à la manière noire, avant de se faire dramaturge à la manière de Dumas.

A Wira Dendani, Radin dit : ah ! demeure ;
Mon père, où donc est-il l'oiseau de tout à l'heure ?

Asselineau imprime gravement ces vers et se contente de remarquer qu'ils ne furent point sans causer quelque stupeur à l'une des soirées de l'Arsenal ; là dessus, on le croira sans peine.

Mais à ceux qui préfèrent les documents assaisonnés d'esprit aux documents tout secs, je recommande le petit livre de M. Jules Claretie publié chez Pincebourde en 1865, et intitulé : *Pétrus Borel le lycanthrope — sa vie — ses écrits — sa correspondance — poésies et documents inédits*. Là du moins l'intérêt ne manque pas, ni la littérature. Une fois en possession du volume, — si vous parvenez à vous le procurer, car il est devenu très rare, — vous irez jusqu'au bout, récoltant mille informations sur les excentriques et les tapageurs, d'où le fameux nom de « Bousingots », inventé pour désigner les romantiques de la deuxième heure, *les jeunes*. Le bruit leur plaisait, le bruit et la couleur ; on était alors républicain parce que les costumes des Conventionnels sont plus pittoresques que les redingotes des bourgeois; on aimait une révolution parce qu'une révolution fait du tapage, et désormais on s'habillait de gilets cerise, on portait ses cheveux longs comme un Raphaël ou ras comme un duc d'Albe, on affectait une tenue *truculente*. « C'était justement en 1832, M. Alexandre Dumas venait de donner au square d'Orléans une nuitée dont tout Paris avait parlé, et M. Dumas a raconté comment, en quelques jours, en quelques heures, Louis Boulanger, Célestin Nanteuil, J. J. Granville, Delacroix lui avaient décoré une salle de bal hyperbolique. Rue d'Enfer, Pétrus Borel voulut organiser la parodie de cette fête. Il y invita Alexandre Dumas lui-même. La maison n'avait qu'un étage et un entresol. Au premier, on dansait, on allumait du punch, on chantait, le rez-de chaussée avait été converti en infirmerie ; à mesure qu'un combattant succombait, les gens valides le descendaient jusqu'à cette salle de convalescence. De tous les convives, Alexandre Dumas se montrait le plus voluptueux, il mangeait de la crème dans un crâne ! etc., etc.»

Avec cet art qu'il possède comme personne de remuer et d'inventorier le sac aux oublis, M. Claretie exhume de cette période toutes les curiosités secondaires, toute la pacotille : comparses, mannequins et fantoches, jusqu'à ce brave Lassailly que Musset chansonnait sur l'air du menuet d'Exandet :

> Lassailly
> A failli

> Vendre un livre ;
> Il n'eût tenu qu'à Renduel
> Que cet homme immortel,
> Eût gagné de quoi vivre !

Pauvre tête à l'envers que la misère et la littérature avaient détraquée et qu'un amour de grande dame acheva ! C'est un martyrologe et des plus navrants que l'histoire de cet infortuné, bien autrement digne que Pétrus Borel d'un intérêt rétrospectif. Car il fut, lui, un être humain et douloureux, tandis que le lycanthrope n'est qu'un pantin qui se décarcasse. Un autre original, un autre aventurier de l'esprit, un de ces excentriques nés dont M. Jules Claretie fait collection et que je m'étonne de n'avoir pas vu passer dans sa lanterne magique, c'est Guichardet, figure originale sans la grimace obligée des poseurs de ce temps-là, Guichardet le raisonneur goguenard et fin de cette comédie, Clitandre et Dégenais, l'ami des deux Musset, — l'homme de toutes les absinthes ! Influence mystérieuse de la fée aux yeux verts, Guichardet fut peut-être de nous tous celui qui pénétra le plus avant dans l'intimité d'Alfred de Musset. L'absinthe avait fait ce miracle. Assis l'un vis-à-vis de l'autre, des heures entières s'écoulaient dans le silence et l'absorption du rêve. Ils roulaient des cigarettes ou fumaient; s'ils se parlaient de loin en loin, c'était à mots brefs concernant toujours la mixture opaline :

— Attends un peu... ton absinthe n'est pas faite.

Ou bien encore :

— Comprends-tu ça, toi Guichardet, des gens qui gomment leur absinthe ?

— Quand je te disais, l'autre nuit, que nous passions notre vie à faire des grogs trop faibles.

— Tu bois des grogs, toi ? quelle hérésie ! c'est ce qui donne à ton nez cette nuance violacée des montagnes du Tyrol au lever de l'aurore.

Et quand on quittait la séance, la joie de Musset était de se regarder au miroir en comparant la pâleur mate de son teint aux enluminures vultueuses de son compagnon.

Quelques jours après la mort du poète, je rencontrai Guichardet ; il l'avait assisté à sa dernière heure et m'en parla longuement, sans émotion, et d'un ton stoïque qu'il avait dans certaines occasions.

— Eh bien, lui dis-je, son exemple va-t-il enfin vous profiter ?

— Quel exemple ?

— Dame ! vous m'avouerez pourtant que c'est l'absinthe qui l'a tué.

— J'en conviens, mais cela ne prouve rien contre l'absinthe ; c'est tout simplement qu'il ne la supportait pas.

Tout le monde connaissait Guichardet et tous aimaient ce diogène imperturbable qui, sans crédit aucun, sans relations, sans un sou dans sa poche, trouvait encore moyen de vous rendre service en vous défendant contre les attaques des faux bonshommes et en accourant chez vous pour vous soigner, vous ou les vôtres, au moindre bruit de maladie. J'ai surpris chez ce bohème errant des accès de dignité hautaine ; tout affamé qu'il fût, son ventre avait des oreilles, et ne se laissait pas emmener souper par le premier *rastaquouère* venu. Difficile aussi de l'aider dans son dénuement.

— J'ai rudement besoin de cet argent, mais je n'en veux pas, me disait-il un jour que j'étais en train de lui faire obtenir un secours de l'Instruction publique, et il ajoutait en manière de restriction mentale :

— Après tout, c'est l'argent du pays, et certainement qu'à ce compte je pourrais accepter ; mais je ne connais, moi, ni ce ministre, ni son empereur, et je refuse.

Plus tard, ce même sentiment d'orgueil fut cause qu'il voulut aller mourir à l'hôpital. L'absinthe ayant eu raison de lui comme des autres, un matin, je vis arriver Paul de Musset qui m'annonça que le pauvre garçon avait les entrailles paralysées. Nous résolûmes, avec quelques amis, de l'installer à la maison Dubois ; il s'y opposa formellement, maintenant contre tous son irrévocable détermination d'aller à l'hôpital, où Paul de Musset le conduisit.

On reproche à notre temps de n'avoir plus d'originaux ; celui-là fût un des derniers, et, chose rare chez ces excentriques, point méchant, — gausseur, noceur et mystificateur à tout venant, mais d'un cynisme aimable et bon enfant.

Familier avec tous les poètes du jour, il savait leurs vers par cœur, et s'oubliait même jusqu'à s'en souvenir quand on lui demandait, dans un certain monde, d'écrire sur les albums. Il ne lui coûtait rien d'illustrer le velin des plus belles rimes, ce qui le mettait en grand renom dans les hôtels du quartier Saint-Marc, dont les princesses attribuaient à son génie les meilleurs couplets des *Contes d'Espagne* et le vantaient ensuite à Musset comme un rival dangereux. A quoi Musset répondait : « Tu te trompes, les vers sont de moi, il en a seulement fait la musique. »

Dumas ne se trompait pas ; c'était un vrai paquet d'épines que Musset et, de plus, un assez mauvais camarade. Vous soupiez ce soir avec lui en toute confiance et belle humeur et demain il vous jouait un malin tour.

Un jour Buloz me dit :

— J'ai là des vers d'Alfred sur vous.

— Tiens ! répondis-je et à quel propos ?

— Au sujet de *Franz Coppola*.

C'était le titre d'un poème que j'avais publié dans un des derniers *numéros*.

— Voulez-vous les lire, il m'a autorisé à vous les montrer.

— Je les lirai quand ils paraîtront dans la *Revue*.

— Autant dire alors que vous ne les lirez jamais.
— La raison?
— Parce que mon intention est de ne pas les imprimer.

Tous ceux qui ont connu Buloz savent jusqu'où cet homme d'un abord difficile et dur poussait la délicatesse en matière de devoir professionnel. Une fois sur le terrain de la *Revue*, il ne tolérait ni attaques, ni représailles entre ses rédacteurs, susceptible pour l'amour-propre de chacun de nous, et nous sauvegardant les uns des autres à notre insu. Inutile de jamais vouloir mettre le nez dans ses épreuves; le visiteur fût-il, comme George Sand ou Musset, de sa plus étroite intimité, il coupait court à l'indiscrétion en lui disant : « S'il s'agissait d'un travail de vous, auriez-vous pour agréable qu'un étranger vînt ainsi chercher à le lire par-dessus mon épaule? Non, sans doute. Eh bien, ce que je ferais pour vous je dois le faire pour tous. » Et la feuille dûment pliée s'en allait au fond du tiroir. — Somme toute, ces vers manquaient de bienveillance et non de courtoisie et rien, sauf le principe, n'empêchait qu'ils fussent publiés. Mais Buloz avait sa règle de conduite qui ne fléchissait pour personne et son imperturbable défiance surveillait les coups de stylet à l'égal de coups d'encensoir.

Pour revenir aux *Minores* du romantisme, tous n'étaient pourtant pas des excentriques par tempérament ou des buveurs d'absinthe. Il y en eut dont personne aujourd'hui ne sait le nom et que l'éclair d'une seconde mit en vedette pour les contemporains. Ce Napoléon Peyrat, par exemple, l'auteur d'une ode sur Roland, toute vibrante et résonnante du timbre d'or des *Orientales*.

> L'Arabie, en nos champs, des rochers espagnols
> S'abattit; le printemps a moins de rossignols,
>   Et l'été moins d'épis de seigle,
> Blonds étaient les chevaux dont le vent soulevait
> La crinière argentée, et leur pied grêle avait
>   Des poils comme des plumes d'aigle.
>
> Ces Mores mécréants, ces maudits Sarrasins,
> Buvaient l'eau de nos puits et mangeaient nos raisins
>   Et nos figues et nos grenades;
> Suivaient dans les vallons les vierges à l'œil noir,
> Et leur parlaient d'amour, à la lune, le soir,
>   Et leur faisaient des sérénades;
>
> Pour eux leurs grands yeux noirs, pour eux leur beaux
>   [seins bruns,
> Pour eux leurs longs baisers, leur bouche aux doux
>   [parfums,
>   Pour eux leur belle joue ovale,
> Et quand elles pleuraient, criant : « fils des démons! »
> Ils les mettaient en croupe et par-dessus les monts,
>   Ils faisaient sauter leur cavale.

Ces vers sont pleins, abondants, bien rimés, bien frappés; ils ont l'aigrette et l'éperon, mais leur résonance même et leur nombre d'or trahissent la seconde main. Villes et clochers en défilant nous rappellent un procédé dont Victor Hugo, dans les *Odes et Ballades* et dans les *Orientales*, a trop abusé : l'énumération.

> L'Égypte, elle, étalait toute blonde d'épis
> Ses champs bariolés comme un riche tapis,
> Plaines que des plaines prolongent.

et autre part dans *Grenade* :

> Cadix a les palmiers, Murcie a les oranges,
> . . . . , ...
> Alicante aux clochers mêle ses minarets,
> . . . .
> Burgos de son chapitre étale la richesse,
> Peñaflor est marquise et Girone est duchesse,
> Bivar est une nonne aux sévères atours,
> Toujours prête au combat; la sombre Pampelune,
> Avant de s'endormir aux rayons de la lune,
> Ferme sa ceinture de tours.

> Toutes ces villes d'Espagne
> S'épandent dans la campagne
> Ou hérissent la Sierra,
> Toutes ont des citadelles,
> Dont, sous des mains infidèles,
> Aucun clocher ne vibra ;
> Toutes sur leurs cathédrales
> Ont des clochers en spirales,
> MAIS GRENADE A L'ALHAMBRA !

C'est la même ritournelle, seulement au lieu de l'appliquer à l'Égypte comme dans le *Feu du ciel*, ou à l'Espagne comme dans *Grenade*, on l'applique cette fois à la France :

> La vermeille Orléans, et les âpres rochers
> D'Argenton, et Limoge aux trois sveltes clochers
> Pleins de corbeaux et d'hirondelles,

Et Brive et sa Corrèze, et Cahors et ses vins,
Où naquit Fénelon, le cygne aux chants divins,
. . . .
. . . .
. . . .

Ces plaines de parfums, cet horizon fleuri,
L'Aveyron murmurant, des pelouses chéri,
Le Tescoud aux grèves pensives.
Le Tarn fauve et fuyant, la Garonne aux longs flots,
Qui voit navires bruns et verdoyants îlots
Nager dans ses eaux convulsives...

Comparons, mais ne déprécions rien, les strophes qui viennent ensuite sont mieux que des réminiscences, un vent épique souffle là, quelque chose de la chanson de Geste, et de ce grand Roland, dont le nom porte bonheur à qui l'évoque, demandez plutôt à Mermet.

X

Caligula.

I

Nous donnons tous ces détails un peu comme ils nous viennent, au hasard des souvenirs et de la plume, pour mieux aider le lecteur à connaître cet homme, ce génie dans sa qualité maîtresse : l'impromptu.

Ce même instinct qui le guide à travers le moyen âge et la Renaissance, va nous surprendre dans ses études sur l'antiquité : le roman d'*Acté*, et ces drames de *Catilina* et de *Caligula*, qui nous montrent, comme par une lorgnette fantastique, la vie romaine aux temps des empereurs, sous les traits de je ne sais quel *parisianisme* contemporain. Vainement, dans la préface de *Caligula*, l'auteur s'évertue à nous mettre au courant de ses « recherches ». Qu'il ait passé des mois dans « la ville aux sept collines, visité Naples, parcouru les ruines d'*Herculanum* », peu nous importe ; ce que l'œuvre offre de curieux, c'est le flair, et toutes les fouilles archéologiques n'ont ici que faire.

Parlez-moi de ce premier tableau chez le barbier, de ce prologue si pittoresque où, pendant qu'on les accommode, ces jolis petits messieurs du boulevard causent entre eux sans se douter que les murs de la boutique ont des oreilles. L'apparition matinale de Messaline regagnant furtivement le Palatin, ces allées et venues d'esclaves, de clients, de licteurs, de personnages consulaires, le suicide de Lépidus s'ouvrant les veines dans un bain pour échapper au délateur, à la bonne heure ! Tout cela est saisi, deviné, haut en couleur, chatoyant et flambant, tout cela est théâtral, bien dans le mouvement du temps, bien dans le tourbillon de cette période vertigineuse où l'humanité vit comme en un rêve, brouillée avec tout idéal et n'ayant même plus le sens de la réalité. L'opposition de cette manie du néant et des réminiscences de l'antique vertu républicaine est un trait également bien effleuré. Mais en revanche, dès qu'il s'avise d'aborder la grosse affaire du christianisme, Dumas qui n'est point un penseur commence à butter : « Il y faudrait de la musique de Gluck » écrivait jadis Sainte-Beuve annotant un sonnet de lui. Il faudrait ici du Renan. Chacun de nous a son lot dans ce monde, et demain en lisant *Caliban*, peut-être aussi vous direz-vous : pourquoi Dumas n'est-il point-là ?

Qui voit souffrir son Dieu supporte plus aisément ses propres souffrances; les anciens dieux ignoraient ce que nous endurons et pâtissons, nous autres pauvres diables de mortels et c'était peine perdue pour un affligé de tendre vers eux les mains dans sa misère. A ce compte de tous les dieux passés ou présents, le Christ est celui qui jamais aura été le plus aimé, surtout des femmes : de cette réaction forcenée du christianisme contre la torpeur du paganisme, de cette frénésie de souffrir, de mourir, Dumas ne nous dit rien. Il ne nous entretient que de légendes, ses apôtres de la foi nouvelle ne parlent et ne se comportent pas autrement que leurs antagonistes : figurez-vous l'action de *Polyeucte* retournée, la tragédie de Corneille — le même air et la même ritournelle — avec cette unique différence que l'œuvre de prosélytisme, au lieu de s'accomplir par le ténor, emprunte sa voix au soprano. Le Gaulois Aquila aime la chrétienne Stella qui s'efforce de son mieux à le convertir. Le barbare, très doucement, se laisse faire : « Que ce dieu soit le vrai, peu m'importe, il est le tien et cela me suffit. » Le diable veut que la catéchisante ne trouve point l'argument assez orthodoxe, mais le Gaulois répond toujours oui, sur le ton de la plus imperturbable galanterie, ce qui constitue, en définitive, une conversion de nature à n'édifier que médiocrement l'âme d'un croyant.

Quoi qu'il en soit, dans ce genre d'études théâtrales d'après l'antique, je préfère beaucoup son *Catilina*. Comme la pièce est écrite en prose, le style cette fois n'en vaudra que mieux.

XI

Catilina

I

Encore une pièce à prologue, mais celui-là, par l'entrain sauvage dépassant tout ce que nous connaissons. Dans *Richard Darlington*, il y a un prologue où l'on accouche ; dans *Caligula*, nous en voyons un où les jeunes seigneurs s'ouvrent les veines par dilettantisme ; devant que l'action soit engagée, le prologue de *Catilina* nous fait assister au viol d'une vestale. Glissons sur cette double horreur du crime et du sacrilège commis au milieu d'une cérémonie funéraire et transportons-nous au plein des événements. La vestale Marcia est devenue mère et Catilina (car c'est lui, on le devine, le ravisseur inconnu voué d'avance à tous les forfaits), Catilina possède un fils dont il ignore l'existence. Ce fils,

Charinus, a seize ans; un jour, Catilina l'aperçoit au Champ de Mars, jouant à la fronde et la voix du sang lui parle si haut qu'il en oublie ses haines et ses brigues et quitte ses conjurés pour accourir le caresser. L'enfant retrouvé, il ose affronter la mère et rentre dans cette maison qu'il a souillée pour y redemander son fils, non pas en maître, mais en suppliant :

Ecoutez-moi, pauvre victime de ma folie, de mon amour, de ma brutalité, écoutez-moi ; si j'ai été méchant, c'est que j'étais seul, c'est que je voyais le vide autour de moi, c'est que le néant qui précède l'existence et qui suit la mort, je l'avais dans le cœur... Pourquoi mon patrimoine perdu? pourquoi ma fortune jetée aux vents? pourquoi mes jours dépensés au hasard? parce que je ne répondais à personne de mon patrimoine, de ma fortune, de mes jours. Donnez-moi un héritier de tout cela, Marcia, et je conserverai tout cela pour mon héritier. Donnez-moi un enfant et je grouperai le passé, le présent et l'avenir autour de cet enfant.

MARCIA

Et vous voulez que je croie à cet amour paternel venu en un instant, ignoré d'hier, tout-puissant aujourd'hui ?

CATILINA

..... J'ai vu Charinus et mes yeux n'ont pu se détacher de lui. Il buvait dans une gourde de bois de frêne et j'ai souhaité qu'il bût dans l'or, il était brillant de jeunesse, de beauté, de grâce et j'ai souhaité qu'il fût mon fils. Les dieux ont permis que l'impossible devînt une réalité et j'ai dit aux dieux : Eh bien, c'est tout ce que je désirais de vous, dieux immortels, donnez-moi mon enfant et je n'ai plus rien à souhaiter de vous.

MARCIA

Je voudrais vous croire, Catilina, mais je me souviens et je me défie. Je voudrais avoir confiance en vous, mais je me souviens et j'ai peur.

La situation se déroule ainsi un peu sentimentale, on l'avouera, pour un pareil héros, lorsque tout à coup Cicéron se fait annoncer. Les élections consulaires ont lieu le lendemain, Rome est partagée en deux camps, et voilà les deux rivaux mis en présence ; on attendait la scène politique, nous y sommes. Cicéron va droit à la conciliation ; deux ennemis ? pourquoi pas deux collègues, puisqu'il y a deux consuls à nommer? Catilina refuse.

Prenez garde, Sergius, dit Cicéron, nous avons décidé que si vous n'acceptiez pas mes propositions, vous ne sériez pas consul.

CATILINA

Et comment empêcherez-vous mon élection?

CICÉRON

Oh ! d'une façon bien simple. Pour être nommé consul, n'est-ce pas, il faut se trouver le jour de l'élection dans l'enceinte des murs de Rome ?

CATILINA

J'y suis, ce me semble.

CICÉRON

Oui, mais cette maison où nous vous avons suivi, où nous vous tenons enfermé, cette maison qui appartient à Clinias, c'est-à-dire à un de mes amis, touche à la porte Flaminia. En dix minutes, nous vous emportons par delà les murs; en six heures nous vous conduisons à bord d'un bâtiment qui attend à Ostia; en quinze jours ce bâtiment vous conduit en Gaule, en Espagne, en Égypte. Pendant ce temps les élections se font et, comme vous n'êtes pas à Rome, vous n'êtes pas nommé.

CATILINA

Ah! voilà le moyen que comptent employer pour se débarrasser d'un homme qui les gêne, Caton, Lucullus, Cicéron, les gens vertueux... Soit, mais on revient de la Gaule, de l'Espagne et de l'Égypte, on en revient plus fort, par cela même qu'on a été persécuté. Je reviendrai d'Égypte, d'Espagne et de Gaule, je démasquerai les hommes vertueux, et, comme on nomme des consuls tous les ans, je serai nommé consul l'année prochaine.

Cependant, aux menaces succède une suprême tentative de persuasion.

CICÉRON

Plus de prétextes. Expose-moi ce que tu penses, demande-moi ce que tu veux, tu me hais, moi, Cicéron? impossible! je ne t'ai fait aucun mal... tu hais mes principes? Ce n'est pas vrai, tu n'en as aucun. Tu as besoin d'argent, tu en auras. Tu as soif d'honneurs, tu es ambitieux de gloire, nous te ferons général comme Lucullus et comme Pompée.

Inutiles objurgations, Catilina veut tout renverser, tout détruire; la société est mal faite, les dieux ont créé l'air du ciel et les biens de la terre pour tous, il est temps que tous aient part à l'air du ciel et aux biens de la terre. Sa tâche à lui sera d'ouvrir l'univers au torrent qui gronde, son triomphe d'assister à l'explosion de ces millions de volcans humains, qui ne demandent qu'à éclater, lutte d'Encelade contre Jupiter, que Rome ne souffrira pas !

Catilina est resté seul en scène, toutes les portes fermées, Cicéron et les chevaliers dans la cour, glaives hors du fourreau; qui sauvera le prisonnier? son propre fils. Du fond d'une cachette, Charinus a tout entendu et les paroles de sa mère qui lui ont révélé le secret de sa naissance et le verdict terrible de Cicéron.

CATILINA, *allant à la porte de droite du spectateur,*
Fermée !
il traverse le théâtre et secoue la porte à gauche,
Fermée aussi... oh !

CHARINUS, *une lampe à la main, soulevant la trappe du souterrain.*
Venez, mon père !

Cette scène, dont je n'ai pu donner que des fragments tronqués, mérite d'être lue d'ensemble à son numéro d'ordre. Placée au centre d'une action très mouvementée et très compliquée, elle y marque comme un temps d'arrêt cornélien. Il va sans dire que les tableaux de mœurs et le pittoresque sont partout à souhait. Le Champ de Mars au jour des comices est une fresque enlevée à la manière des épisodes populaires du *Coriolan* de Shakespeare. Vous voyez tout le temps sur ce fond remuant et grouillant passer et repasser les personnages de l'histoire.

VOLENS

Seigneur Caton, une coupe.

CATON

Ignores-tu que je ne bois pas de vin.

VOLENS

Bah ! une fois n'est pas coutume.

CATON

Eh bien, donne.

LES PARTISANS DE CATILINA

A Catilina! à Catilina !

LES PARTISANS DE CICÉRON

A Cicéron ! à Cicéron !

CATON, *levant la coupe*

A Rome !

Notons aussi la figure de César spirituellement crayonnée, un César équivoque, vicieux, cauteleux, que tous recherchent et qui se réserve pour soi seul. Les soixante-quinze mille voix dont il dispose, les deux partis se les arrachent et, pendant la bagarre, c'est Servilia, sa maîtresse, qui le fait voter, mais ne poussons pas plus avant, car ici nous touchons au chapitre des femmes qui nous mènerait trop loin. Il suffira de renvoyer les curieux au texte même : Dumas leur a ménagé là le meilleur des spectacles dans un fauteuil; une intrigue fortement nouée, des caractères selon Plutarque et, par moments, de la poésie selon Shakespeare. Ce dénouement, par exemple, avec la mort si tragique du pauvre Charinus que son père croit en sûreté et dont le fantôme apparaît à Catilina au moment de livrer bataille.

II

Maintenant si quelqu'un m'interroge sur le collaborateur de la circonstance, je répondrai qu'il s'appelait Théodore Burette. C'était un aimable garçon, érudit et viveur, bon latiniste sans cuistrerie, originalité rare ! Les femmes s'en amusaient, Janin s'en délectait et Dumas le compulsait allègrement. J'entends qu'on me reproche certaines omissions, ainsi j'aurais oublié de nommer Gautier et Jules de Saint-Félix qui furent, prétend-on, eux aussi, collaborateurs de Dumas, l'un pour le prologue de *Caligula*, l'autre pour le roman d'*Acté*. D'abord, rien ne me prouve ici que l'omission se puisse établir, car si Gautier eût été pour quelque chose dans le prologue de *Caligula*, l'écriture en serait meilleure et puis, les collaborateurs de Dumas, qui jamais se vantera de les tous connaître? Tout le monde a collaboré avec Dumas ; moi-même je n'oserais répondre de n'avoir point tâté du métier. Ce que je sais, c'est que, nous rencontrant à Trouville un été, nous y causâmes beaucoup d'une pièce de Raupach instituée, je crois, *Ossip* et dont le sujet, tout moscovite, n'était point sans quelque analogie avec la fable des *Danicheff*. Dumas voulait absolument installer le drame à la Porte-Saint-Martin, nous eûmes à ce propos plusieurs conversations, un scénario fut dressé et il ne s'agissait plus que d'écrire quand un incident quelconque nous sépara. J'ai lieu de supposer que, parmi tant de collaborateurs ignorés que les officieux prêtent à Dumas, bon nombre a dû l'être au même titre que moi ; et si c'est de cette nomenclature-là qu'on veut parler, autant vaudrait lever le catalogue des maîtresses de don Juan. — Du reste, pour en finir avec ces questions de métier et souvent même de boutique, dont il est toujours déplaisant d'avoir à s'occuper dans les choses de la pensée, nous renvoyons les amateurs de *documents scientifiques* aux lettres de M. Auguste Maquet et de M. Paul Lacroix, partout citées.

XII

Sa traduction d'Hamlet.

I

L'idée de ne pas être un poète en vers tourmente Dumas, il y revient souvent : « Je donnerais deux de mes meilleurs drames pour avoir écrit *Marion Delorme*. »

Ce maître du théâtre comprenait là ce qui lui manquait et l'avouait sincèrement; non moins ouvert, non moins naïf à s'accuser qu'à se glorifier. Son vers dramatique est laborieux, sans personnalité et Dumas, sur ce point, sent son défaut, son instinct de poète l'en avertit; rimer ne suffit plus, il faut le mieux, le tour de force, l'impossible. Il ignore le secret de manier les modulations, de se mouvoir en toute liberté au milieu des difficultés d'une langue que tant d'autres emploient à jongler avec des assonances et dont il se servirait, lui, à si grand profit.

Je passerais à son vers ses défaillances; Musset ne rime pas, Hugo cheville, mais ce que je lui reproche c'est l'absence de virtuosité, il ne jaillit pas de source et j'y cherche en vain les acquisitions de la Muse moderne. En de pareilles conditions, traduire *Hamlet*, quelle gageure ! l'effort serait invraisemblable chez un autre, chez Dumas il ne s'en explique que mieux. N'y a-t-il pas dans son esprit une tendance toute particulière à entreprendre des choses que personne n'a pu accomplir? Tout le rendait impropre à ce travail, il n'avait ni l'application nécessaire, ni la connaissance de la langue ; génie orageux et superbe lui-même, il était incapable de se plier aux intentions du maître ; il va de l'avant, modifie, pousse à l'action, et croyant traduire, il arrange, il adapte. Le travers de Dumas c'est de vouloir trop embrasser, d'être par excellence l'homme à tout faire: il prend Shakespeare à la course, il équite les tragiques grecs.

Tout cela c'était bon à l'heure de la lutte pour l'existence. L'*Othello* d'Alfred de Vigny, le *Jules César* de Barbier, le *Roméo et Juliette* d'Émile Deschamps et cet *Hamlet* de Dumas sont des traductions de combat. Aujourd'hui procéder ainsi devient impossible, et nous approchons du temps où rien ne prévaudra en dehors d'une certaine méthode scientifique.

XIII

Les modernes Scoliastes de Shakespeare. — Le mécanisme de son vers et de son style. — Quelles sont les connaissances techniques indispensables qui s'imposent désormais à son traducteur.

I

C'est une grande question dans notre littérature dramatique, et qui de jour en jour va son chemin, que celle de traduire Shakespeare au théâtre. Comment s'y prendre et nous y prendre pour l'y amener? Car il y viendra, quoi qu'on dise, et malgré la résistance des administrateurs, ainsi le veut l'esprit qui, depuis 1717, souffle sur nous. Les imitations de Shakespeare, que l'on croyait avoir retrouvées en plein XVIIe siècle dans l'*Agrippine* de Cyrano de Bergerac, sont en réalité des imitations de Sénèque. C'est Voltaire qui, le premier, engagea la querelle timidement et sans le comprendre de front. Vient alors Ducis, qui fait applaudir *Hamlet* par les petits marquis et les grands flandrins de vicomtes. En

1776, la traduction de Letourneur paraît sous les auspices du roi de France et de la cour comme un hommage international rendu au génie. Voltaire s'effraye de ce mouvement qu'il a créé et qui le déborde. Il craint pour Corneille, pour Racine et surtout pour lui-même. Car il comptait bien être seul à exploiter sa découverte, et du moment que le public s'en mêle, Shakespeare n'est plus qu'un sauvage et un saltimbanque « qui a des saillies heureuses[1] ». Il le dénonce à l'Académie française (27 août 1776) et l'Académie à sa mort lui donne Ducis pour successeur (4 mars 1779). Mais le Shakespeare qu'on applaudit est encore plus loin du vrai que celui de Davenant et de Dryden. C'est un Shakespeare qui a fréquenté les salons, qui a lu l'*Encyclopédie*, nourri de Rousseau, élégant, comme il faut et sensible ! La révolution survient, le drame shakespearien court les rues et l'Europe, et quand la littérature renaît, il se trouve que la Terreur, Marengo et Waterloo, ont mieux plaidé la cause de Shakespeare que vingt professeurs d'esthétique.

C'est autour de son nom que se livre la grande bataille entre classiques et romantiques; à présent il a contre lui Hoffman le librettiste du théâtre Feydeau et Geoffroy le feuilletoniste des *Débats*, et pour lui, — au lieu de Letourneur et de

---

[1]. Voir, dans nos *Tableaux de littérature et d'art*, l'étude intitulée: Voltaire et Shakespeare. Paris, Didier, 1875.

Ducis, — Hugo, Dumas, Vigny et tous les rédacteurs du *Globe*. Il existe sur ce sujet un petit livre qu'il faudrait tout citer, car tout y est excellent et frappé de la double empreinte du savoir et de l'admiration[1]. Traduire Shakespeare, est un travail qui désormais exigera des trésors d'érudition. Ni Alfred de Vigny, ni Émile Deschamps, ni Dumas, ni aucun des traducteurs de la période romantique toute d'impulsion, ne s'est préoccupé de la question de linguistique. Or, rien d'efficace n'est possible, avant de s'être longtemps d'avance renseigné sur la forme du poète, forme essentiellement progressive et qui varie d'une pièce à l'autre. Pour qui ne connaîtrait point la date des œuvres de Victor Hugo, il suffirait d'un coup d'œil pour se convaincre, à la seule structure du vers, que les *Odes et Ballades* et *la Légende des siècles* n'appartiennent pas à la même période, et que la *Légende* est de beaucoup postérieure aux *Ballades*. Le vers de Shakespeare offre un critérium du même ordre. Le rythme de la tragédie était primitivement le couplet rimé (deux vers de dix syllabes rimant ensemble comme nos alexandrins.) Le progrès de la langue poétique dans Shakespeare, consiste à transformer

---

1. *Shakespeare : Macbeth*, édition-classique par James Darmesteter. Paris, 1881. L'auteur écrit indifféremment les deux langues, ce qui vous explique cette connaissance approfondie d'un style poétique très spécial, dont sa main d'artiste et d'érudit démonte et remonte à volonté le mécanisme.

le vers qui est encore le vers musical, en un vers absolument dramatique (ce que Dumas a fait d'instinct dans *Charles VII*). Il y arrive en fondant les vers par l'enjambement, en les prolongeant par une syllabe non accentuée, double innovation qui donne à sa langue poétique toute la variété de la parole vivante ; de la symétrie artificielle de l'ancien rythme, il ne reste qu'une habitude d'harmonie qui n'a plus de sacrifices à imposer à la vérité et à la nature. Dans les premières pièces de Shakespeare, le rythme dominant et presque exclusif est celui du vers à pause finale; le nombre de vers qui enjambent est infiniment restreint.

Cette proportion va toujours en diminuant au profit de l'enjambement. Dans les premières pièces, il n'y a qu'un enjambement pour dix vers réguliers ; dans les dernières, il y en a en moyenne un sur trois. Changement analogue dans la structure du vers isolé : le vers rythmé se compose régulièrement de dix syllabes en cinq ïambes, le vers s'arrêtant régulièrement à l'accent final; mais le vers gagnera en liberté et en variété par l'addition d'une syllabe atone qui ne change pas sa structure, puisque le nombre des accents reste le même, mais en modifie l'harmonie et le rythme. Les premières pièces de Shakespeare n'offrent presque pas d'exemple de ces terminaisons doubles ; elles deviennent plus fréquentes à mesure qu'on avance, et, dans les dernières pièces, elles sont à profusion.

Ces découvertes de la critique moderne devaient naturellement enlever beaucoup de leur intérêt aux essais du passé. Les tentatives du romantisme ne répondent plus sans doute à l'esprit de notre temps, mais ce qui nous semble bien autrement vieilli et démodé que les traductions des Alfred de Vigny, des Dumas, des Léon de Wailly, des Émile Deschamps et des Auguste Barbier, c'est ce genre de fantaisies au clair de la lune et d'adaptations que l'on s'amuse à nous donner aujourd'hui sous couleur de *pénétrations*. Passe encore pour l'impressionnisme quand il s'agit de reproduire un paysage; mais pénétration, que signifie ce mot s'il ne veut dire que l'on est entré à fond dans le texte du maître, qu'on l'a étudié, creusé, fouillé, bref, qu'on l'a « pénétré » comme a fait M. James Darmesteter, ce jeune shakespearien de l'avenir, et vous nous laissez entendre, vous, que vous ne savez même pas l'anglais, comme si c'était un avantage à réclamer si bruyamment dans une œuvre de pénétration, — puisque pénétration il y a — que d'ignorer la langue du poète.

Il en est d'un auteur qu'on traduit comme de la vertu, on peut toujours s'en approcher de plus en plus sans jamais parvenir à l'embrasser entièrement. Si, lorsqu'on s'occupe d'un poète, la prose rend mieux la lettre de son œuvre, le vers peut-être en donne mieux l'esprit. Le savant éditeur du texte classique de *Macbeth* se prononce contre les traductions en vers ; il admettrait toutefois un mode particulier d'interprétation poétique : « quelques vers bien venus qui, çà et là, rendent le vers de Shakespeare tout entier ne suffisent pas à effacer l'impression de souffrance que produit le spectacle de la pensée du maître tour à tour délayée et décolorée ou étranglée et mutilée dans les hémistiches d'une versification facile et traînante, ou obscure et pénible. » Notre alexandrin mis à l'écart comme atteint et convaincu d'impuissance, il faudrait essayer d'un rythme nouveau, celui-là même que Shakespeare emploie : une langue cadencée et sans rimes, audacieuse et correcte, claire et précipitée, la ligne commençant une idée et en achevant une autre, un style dégagé de préoccupations métriques et pourtant capable de servir de cadre aux idées, aux images. Shakespeare, à mesure qu'il avance, change son mode d'expression ; la rime qui dans ses premières pièces, est encore un procédé normal de métrique, dans les dernières, n'est plus qu'un procédé exceptionnel commandé par des circonstances exceptionnelles et destiné à produire des effets voulus ; il faudrait en cela pouvoir l'imiter, le suivre, et de la pensée et de la forme, en ses chronologiques métamorphoses ; il y a aussi loin du style de *Roméo* ou de *Richard III* à celui de *Cymbeline* ou de *Macbeth* que des vers ou des caractères des uns aux vers ou aux caractères des autres.

II

L'histoire du génie dramatique de Shakespeare formerait elle-même un drame en trois actes avec prologue. De 1588 à 1593, Shakespeare débute et s'essaye, il fait son apprentissage, d'abord comme adaptateur, puis comme auteur. Il retouche les pièces anciennes, toutes de meurtre et de sang, toutes pleines de l'horreur du drame préshakespearien, il jette dans des comédies de haute fantaisie et d'aimable invraisemblance des flots de verve juvénile, d'esprit raffiné, de *concetti* italiens; il prélude à la peinture de la passion dans les *Deux gentilshommes de Vérone*, s'amuse au royaume des fées dans le *Rêve d'une nuit d'été*; il prend enfin conscience de lui-même dans *Richard III*. — Fin du prologue.

Avec *Roméo et Juliette* (1593-1601) commence le premier acte.

C'est dans cette période que Shakespeare fonde sa réputation et sa fortune. Il fait vibrer les deux sentiments généreux les plus puissants à ébranler les masses, l'amour et le patriotisme : jeunesse, entrain, fougue printanière, qui ne se retrouveront plus dans le reste de sa carrière ; la verve et la gaieté débordent, la comédie pénètre sans cesse la tragédie, et la farce pénètre la comédie. Il est en plein dans le courant de la vie. Il croit à elle, la croit bonne. Si la réflexion se fait jour par instants, c'est la réflexion morale, non la réflexion philosophique ; il ne s'est pas détaché de la scène et fait corps avec ses personnages. Il est optimiste, il sait sans doute que le mal existe et il le peint, mais sous une seule forme, le mal historique, les crimes de l'ambition. Dans les œuvres non historiques et où se reflète plus librement sa pensée personnelle, le mal ne paraît pas ou paraît peu : rien dans la catastrophe de Roméo qui accuse le fond de la nature humaine. Dans *le Marchand de Venise* où la tradition dramatique lui fournit un type sinistre, Barabbas, il le transforme si complètement que la sympathie du lecteur moderne hésite entre Shylock et sa victime ; il a plongé au fond de ce paria méprisé de tous, en guerre avec tous, et il y a trouvé un cœur de père, un cœur d'homme, *more sinned against than sinnig*.

Il y a quelque chose de faux dans le monde, quelque chose de trouble dans l'ordre des choses. *As you like it*, ouvre avec un sourire la période sombre de Shakespeare, l'ère d'angoisse.

De 1601 à 1608, se joue le second acte.

Le monde n'a pas tenu ses promesses, un voile sombre plane désormais sur les créations du poète : *Jules César, Hamlet, Othello, le Roi Lear, Antoine, Coriolan, Timon*; le bien existe, mais c'est le mal qui triomphe. Trois ivrognes maîtres du monde et Brutus mourant désespéré; les Desdemona périssant victimes des Iago et les Cordelia des Goneril; des vertus vides et incertaines qui croulent au premier choc de la passion; le patriotisme s'évaporant à la première piqûre de la vanité; l'amour trompeur comme le reste, et devenant une école de mépris. — « Fragilité ton nom est femme ! » Dans les cinq ou six années de cette période, Shakespeare lâche sur la scène une ménagerie de bêtes fauves ou de monstres splendides tels que nulle imagination humaine n'en avait entrevu avant lui : Iago, Macbeth, Cressida, Cléopâtre. Un souffle de folie court à travers toutes ces visions, folie furieuse ou folie voilée, celle du roi Lear, de Macbeth, de lady Macbeth, d'Hamlet, d'Othello, de Timon, d'Antoine; le clown des pièces de jeunesse, le bouffon amusant et grotesque cède la place au fou amer et douloureux qui, dans le *Roi Lear*, reste le seul et suprême représentant de la raison humaine naufragée. Ce que le crime ou la folie n'a pas saisi tombe sous un vent glacial d'ironie ; ce que la gaminerie moderne a fait de l'épopée d'Ilion, Shakespeare l'a fait il y a trois siècles avec une profondeur d'ironie et de désenchantement qui ne laisse plus rien à ruiner. Çà et là, une figure idéale, Ophélie, Desdemona, Cordelia, qui passe et meurt. Tous les héros ont à lutter contre une force trop haute pour eux, partout les accès et les prostrations de notre volonté infirme, trop faible contre le monde, contre le malheur, contre la tentation, contre le mal qui vient des hommes, qui vient des choses ou qu'elle crée elle-même : le découragement d'Hamlet, la rage de Timon, jetant au front de la société son cri de désespoir et de malédiction, tout est oblique, rien de droit dans nos natures maudites, rien que scélératesse franche.

L'acte trois (1608, 1613) va nous montrer l'apaisement. Déjà dans *Antoine* et *Cléopâtre*, on entrevoit je ne sais quels signes précurseurs d'une période moins tourmentée ; des passions violentes et moins de haine. Les deux héros sont tellement livrés à l'inconscient, si bien en proie, sans défense, à tous les troubles du hasard moral, que l'irresponsabilité du destin les protège et un vague sentiment de pitié s'éveille et les enveloppe. Le poète pour la première fois se dégage de ses créations et domine du dehors ce monde qu'il met au monde.

Cymbeline et *le Conte d'hiver*, c'est encore le sujet d'*Othello*, mais Desdemona triomphe. Dans *la Tempête* c'est *As you like it*, qui reparaît, mais combien changé ? Quelle distance entre le bon duc de la forêt des Ardennes qui oublie les injustices du monde à la chasse et dans les chansons, et le duc de l'Ile enchantée, le grand magicien détrôné, se consolant par la science qui lui donnera l'empire de la nature et l'empire des âmes ! La fantaisie revient dorer le crépuscule du poète comme elle a doré son aurore, mais ce n'est plus la fantaisie du jeune homme qui s'amuse des tours d'Oberon et de l'attelage minuscule de la reine Mab, c'est la fantaisie d'une imagination qui a donné asile sous ses ailes « à toutes les fatigues de la pensée » et qui ne se repose dans son ciel idéal qu'après avoir fait le tour du monde et de la conscience. Ce n'est plus le rêve d'une nuit d'été, c'est le rêve des temps et de l'humanité. A l'angoisse de la destinée humaine qui hante Hamlet et par la voix de Macbeth éclate en cris d'horreur, a succédé une sérénité mélancolique, une certitude résignée et tranquille, d'où s'épanchent sur le monde et l'homme des flots d'indulgence et de pitié : « Nous sommes de la matière dont on fait les rêves et nos petites vies sont les îles du sommeil :

> We are such stuff
> As dreams are made on, and our little life
> Is rounded with a Sleep...

Telle fut dans ses traits généraux, la marche du génie de Shakespeare, de la fougue à l'angoisse, à l'apaisement : d'abord la terre, puis l'enfer, puis un coin du ciel, un grand et dernier coup d'aile *in excelsis*. Et maintenant, comment traduire un tel poète, sinon après être allé jusqu'au fond de sa pensée et de son style qui varie autant que sa pensée : non seulement dans son moule extérieur et sensible, la coupe du vers, mais dans son intime essence, dans le mouvement où il pousse la pensée ?

III

Le lecteur me reprochera peut-être cette longue digression, mais, s'étendre sur Shakespeare à propos de Dumas père, est-ce donc s'écarter de son sujet? S'il pouvait y avoir un Shakespeare français, ce serait Dumas. Au temps des Lebrun-Pindare et des Crébillon-Eschyle, soyez sûr qu'on n'aurait pas manqué de lui donner ce nom; Hugo qui s'imagine descendre du poète d'Élisabeth en ligne directe, à bien moins de titre à sa parenté que Dumas. Chez Hugo, la virtuosité lyrique, la prédilection littéraire, l'emportent sur le tempérament; rien de moins varié que son théâtre, ôtez la musique du vers, il ne vous reste que des poèmes d'opéra; je me suis souvent dit que si Hugo eût

mis en vers le livret des *Huguenots*, ce serait aussi
beau que du Meyerbeer et le même phénomène
(mais retourné) s'étant produit au sujet du *Roi
s'amuse*, il s'est trouvé qu'en place de l'Hugo,
c'était du Verdi, en d'autres termes de la musique
au lieu de vers et que personne au monde ne s'en
est plaint, bien au contraire. C'est avec les types
étendus, agrandis, sublimés de la comédie de cape
et d'épée, avec le théâtre mi-parti espagnol et italien que sont faits les drames en vers de Victor
Hugo ; serrons de près ce répertoire, ne soyons
dupes, ni du costume historique, ni du décor ; que
voyons-nous ? des masques également toujours les
mêmes, le Père noble, — Ruy Gomez, Saint-Val-
lier, Nangis, — le diplomate, — Charles-Quint,
don Salluste, — le cavalier, celui-là, par exemple,
au premier rang, occupant la place du ténor et sous
des noms et des habits variés, vulgarisant les rêve-
ries philosophiques à la mode de 1825. Hernani-
René, Didier-Werther, Ruy-Blas-Figaro. Victor Hugo
relève de Calderon bien autrement que de Shakespeare. Les figures de Victor Hugo n'ont que le costume. Au IV° acte de *Ruy-Blas*, la reine apprend
ce que don Salluste aurait pu lui dire deux actes plutôt, à savoir, que son amant est un laquais et tout de
suite, — au lieu de s'informer si cette chose impossible a pu arriver, que l'homme qu'elle a distingué entre tous, cet homme d'État qu'elle a depuis
des mois entiers vu à l'œuvre, ce grand seigneur

qu'elle aime et qu'elle a choisi pour l'élévation de son caractère et la noblesse de ses sentiments, — tout de suite, sans hésitation elle croit à ce que don Salluste lui dit, elle se rend sur la foi du costume. Elle voit une livrée et ne s'enquiert point davantage; convenez que si, dans le proverbe, l'habit ne fait pas le moine, toujours est-il qu'il fait ici le personnage. Combien d'autres contradictions à relever sous ce lyrisme dont la splendeur efface tout : Cette reine d'Espagne, par exemple, que dans une scène du second acte imitée du *don Carlos*, de Schiller, on nous montre victime de sa camerera-mayor au point de vue de ne pouvoir entr'ouvrir une fenêtre et qui tantôt s'en ira courir seule les faubourgs de Madrid comme la plus libre et la plus folâtre des étudiantes !

Quelle différence entre la monotonie de ce théâtre et la perpétuelle et furieuse évolution du répertoire de Dumas : drames antiques, — *Catilina*, *Caligula*, — drames moyen âge et Renaissance, — la *Tour de Nesle, Charles VII, Catherine Howard, la Reine Margot,* — pièces de la vie moderne, — *Antony, Richard Darlington, Kean,* — comédies d'intrigue et de genre, — *Mademoiselle de Belle-Isle, les Demoiselles de Saint-Cyr, Un Mariage sous Louis XV.* — Vous me direz qu'il prend de toutes mains, ce qui ne serait en somme qu'une ressemblance de plus avec Shakespeare qui, lui aussi, trafiquait des inventions des autres et prenait son bien où il le trouvait.

Dumas a l'éclair génial, à certains rares moments ; c'est un primitif, ce que Victor Hugo n'est jamais. Impressionniste au plus haut degré dans ses récits de voyage, Dumas sait, au théâtre, « entrer dans la peau du bonhomme ». Il sera, par exemple, l'homme du moyen âge, alors que Victor Hugo se contentera de nous traduire superbement et magnifiquement l'impression de ses lectures. Hugo n'oublie ni ne s'oublie jamais, il ne sort jamais de lui, il est voulu. Chez Dumas, au contraire, le MOI disparaît par intervalles ; il devient alors un composé de Froissart, de Monstrelet, de Chastelain, de Comynes, de Montluc, de L'Estoile, de Tallemant des Réaux et de Saint-Simon ; — ce qui fait qu'il est bien plus près de Shakespeare.

Mais où Dumas s'espace le plus librement, où sa verve et son instinct le ramènent, c'est notre xvie siècle, l'époque des petits Valois. Livrez-lui ce champ de manœuvre, et vous verrez le parti qu'il en saura tirer.

XIV

Les Valois : ceux de l'Histoire et ceux du Théâtre. — Comment Dumas travaille à les concilier les uns avec les autres.

I

La Saint-Barthélemy dans *la Reine Margot*; son lendemain, dans *la Dame de Montsoreau*. En avant les massacres, les conciliabules politiques et les processions ! En avant le vieux Louvre et sa lanterne magique éclairée au feu d'enfer : Charles IX, Henri III, Catherine de Médicis, le Béarnais, les Guises, tous les pions de cet échiquier fantasmagorique, toutes les figures, jusqu'aux plus extravagantes, de ce jeu de cartes qu'il taille, coupe, assemble, abat, éparpille, escamote en prestidigitateur sans rival, tournant à son gré, tantôt le roi, tantôt la dame, et tantôt le valet ! On vous dira : « Ces personnages n'ont d'historique que leur nom. » Erreur : ils vivent très pertinemment en pleine époque, et se trémoussent sur une plate-forme parfaitement déterminée, authentique.

Admettons néanmoins que Dumas trahit un certain faible pour le lieu commun et qu'il préfère en général adopter les types convenus. Imaginer et développer des points de vue, être paradoxal, lui qui n'eut jamais seulement le temps d'être court, y pense-t-on? En outre, il lui fallait d'abord devenir, puis rester populaire, ce qui ne s'obtient point sur le marché avec de la critique historique. De là son parti pris d'abonder toujours dans le sens des idées courantes, et cet audacieux problème de concilier, dans la mesure du possible, l'art du peintre d'histoire avec l'imagerie d'Épinal.

Ainsi pour nous en tenir à quelques exemples, son Charles IX, sa Catherine de Médicis, son Henri IV, se contentent de reproduire, d'incarner et de dialoguer le motif légendaire. Chacun des trois tout d'une pièce: Charles IX, un enfant effaré, se heurtant à l'obstacle et trépignant; le terroriste terrorisé; l'épileptique : Messe, Mort ou Bastille ! — Henri de Navarre, le chef des huguenots, le roi prédit dans l'avenir par les astrologues, et louvoyant à travers les écueils vers le phare de sa fortune ; — Catherine de Médicis, une Canidie, une Locuste, inexorablement chargée du poids de toutes les scélératesses: « Vous avez empoisonné le prince de Porcian avec la fumée d'une lampe ! vous avez tenté d'empoisonner M. de Condé avec une pomme de senteur ! etc., etc. »

Tout cela, convenons-en, c'est bien de la besogne pour une seule femme et pour une femme dont le vrai caractère fut de n'en point avoir. Mariée à quatorze ans, elle passe ses quarante plus belles années à subir les maîtresses de son beau-père et de son époux, et les révoltes de ses fils. Incapable de lutter par la domination, elle se dépense en intrigues, use son esprit et ses talents à tisser des toiles d'araignée qu'elle interrompt et reprend selon l'heure. Incertaine entre les partis, toujours rusant et l'œil fixé sur les petits résultats. Cette exécrable idée de la Saint-Barthélemy n'est pas même d'elle. Catherine, en sa faiblesse, l'eût plutôt combattue ; un tel dessein ne pouvait venir que du dehors ; je me figure le Bismarck espagnol de ce temps-là méditant, calculant froidement contre une grande nation rivale cet affreux coup d'extermination, et le faisant exécuter par un enfant rageur et fanatisé.

L'histoire a de ces façons de trancher les nœuds gordiens d'un trait de plume. Admirez aussi l'habileté qu'elle met à soigner l'harmonie et le pittoresque du paysage, à tailler ses cariatides de manière à bien ménager la symétrie, chargeant de lourds entablements les fortes épaules, choisissant ses boucs émissaires et voulant que les crimes illustres soient toujours portés par des personnages qui représentent : Catherine fut, au contraire, la plus féminine des femmes ; son effacement, son attitude négative en sont la preuve. Point de passions, beaucoup de grâce et de charme, une séduction serpentine, le goût et l'art de plaire. Elle avait une de ces beautés italiennes solidement assises sur une santé que rien n'altère, ni les changements de climat, ni la joie, ni les larmes, ni les veilles; et, jusque vers la fin, elle conserva certains avantages : un buste de statue, des mains splendides. Qu'elle ait sacrifié à ses rancunes, quoi de plus naturel chez une dame de son pays et de son siècle!

Catherine adorait ses enfants. Pleine de tendresse et d'ambition pour ses fils, son rêve était d'en faire de grands rois. Si ce rêve fut déçu, si les règnes de François II et de Charles IX avortèrent, l'un dans l'insignifiance, l'autre dans le crime; si le héros de Jarnac, objet de ses prédilections ardentes, devint Henri III, est-ce donc toujours elle qu'il en faut accuser ?

On s'est bien souvent demandé s'il était vrai que l'auteur dramatique fût moins tenu par la vérité historique que par l'idée que la foule à qui il s'adresse peut se faire de cette vérité. En matière de roman, qui prétend à être populaire ne doit pas contrarier les préjugés de ses lecteurs sur des points où l'opinion, à tort ou à raison, est fixée; ne perdons pas de vue cependant que, même en pareille circonstance, et s'agît-il d'une découverte historique toute récente, le talent ou le génie de l'écrivain peut énormément. Ainsi lorsque, dans *Don Carlos*, Schiller met en présence de Philippe II le marquis de Posa et fait développer à son libre penseur des théories toutes modernes que le monarque absolutiste écoute sans sourciller, on ne saurait nier qu'il n'y ait là un terrible accroc donné par le poète à la vérité historique, et cependant nul ne songe à se récrier ; pourquoi ? parce que la scène est admirable et que, prêtant à redire, historiquement, elle est humainement vraie, si nous nous figurons le roi Philippe dans son cabinet, seul en tête à tête avec le marquis, et l'écoutant à l'une de ces heures de détente et de bonhomie relatives où les plus farouches natures, se laissant apprivoiser, tiennent pour amusantes drôleries et simples boutades, des choses qui, à tout autre moment, leur feraient allumer un bûcher. Ne cite-t-on pas maint exemple d'individus sortis intacts de la cage d'un lion pour n'avoir pas montré de crainte, et aussi parce que le lion aura éprouvé une certaine curiosité magnanime à l'approche de cette espèce de myrmidon qui le brave ?

Et, maintenant, si Dumas, dont l'imagination ne fut jamais à court de nouveautés et de paradoxes, a cru devoir adopter pour sa Catherine de Médicis le type historique banal, c'est sans doute qu'il avait ses raisons puisées dans son esthétique d'homme de théâtre, aimant mieux se décider pour la méchante fée plus dans le mouvement de son idée dramatique. Envisagée de ce côté, la figure n'est point sans grandeur.

Cette Majesté singulière, au milieu de ses devins, de ses alchimistes et de ses appariteurs diplômés, marche entourée de l'horreur du pressentiment. Vous frissonnez, comme devant une lady Macbeth, en présence de cette empoisonneuse de sa propre race, qui, aux mains de la Destinée, manque ses coups et, voulant tuer Bourbon, atteint Valois. Ce ricochet du quatrième acte de *la Reine Margot* est un des effets les plus terribles qu'il y ait au théâtre. Je m'attaque ici au drame plutôt qu'au roman, d'abord parce que le drame est sorti du roman, et qu'en saisissant l'un, j'embrasse l'autre ; ensuite et surtout parce que le drame est un chef-d'œuvre, entendons-le bien, un chef-d'œuvre dans toute la force du terme. Ce veneur démoniaque pris au piège de sa frénésie, ce Charles IX arrachant des mains du jeune roi de Navarre le livre fatal que sa mère vient de barbouiller d'arsenic et s'y plongeant, son appréhension lugubre aux premières douleurs ressenties ensuite pendant la chasse, son angoisse au retour, son enquête et sa navrante certitude à la vue de son chien, agonisant, un feuillet du livre dans la gueule, je doute que la tragédie puisse aller plus loin.

II

Ceux qui n'ont pas vu Rouvière jouer ce rôle de Charles IX ignorent à quel degré l'illusion du théâtre peut atteindre. C'était mieux qu'un idéal du personnage, c'était physiquement et moralement le personnage même. Jamais ne convint davantage la fameuse expression, tant rebattue, du portrait descendu de son cadre. Nerveux, fiévreux, plein de surprises, habile à concentrer sa flamme comme à la répandre, il avait, à travers mille soubresauts, des trésors d'émotion; tour à tour enfant débile, fou furieux, roi lamentable. J'aurai toujours présente à l'esprit cette scène du lévrier dans le cabinet des armes :

« Mais que diable est devenu mon chien? — Actéon! Actéon!... Ah! le voici sous cette table. — Holà, Actéon! holà! viens ici, viens... Ah çà, mais qu'a-t-il donc? »

Alors, il allait au chien, et, le trouvant mort, raide et froid, commençait par gémir sur la pauvre bête; puis, remontant de l'effet à la cause, il se posait cette question : Mort, de quoi? « Ce matin, il se portait à merveille; il m'a suivi chez ma mère, il est revenu ici, rapportant mon livre... Voyons donc cela... » Il s'agenouillait devant le chien, l'examinait et le palpait : « Qu'a-t-il donc encore dans la gueule? du papier... Près de ce papier, l'enflure est plus violente, la peau est rougie comme par du vitriol... » Il déployait le morceau de papier, un fragment de son livre de chasse : « Le livre serait-il empoisonné, par hasard?... »

Inutile de raconter les gradations du jeu de Rouvière pendant ce monologue et par quelles modulations étonnantes, par quelles dissonances sa voix, toute mélancolique au début, devenait vibrante, tendue, puis rauque, à mesure que la situation se retournait sur lui-même, et comment cette larme donnée au pauvre chien s'enflait, s'enflait jusqu'au torrent! J'ai souvent ouï reprocher à Rouvière ses écarts de geste et d'intonation; il était anguleux et capricant; mais ceux qui le goûtaient et l'admiraient, Eugène Delacroix, Gautier, et bien d'autres que je connais, ne se montraient point si difficiles. Il ne fut guère, j'en conviens, que l'homme de deux rôles:

Hamlet et ce Charles IX, ce qui fait que nombre de gens l'appellent encore un déclassé, tranchons le mot, un cabotin.

De tout temps, les figures historiques ont séduit les comédiens. Eh bien, le dirai-je! depuis que je vais au théâtre, il ne m'est arrivé que trois fois l'occasion d'admirer sans réserve : Lablache dans le Henri VIII d'*Anna Bolena*, Rouvière dans ce Charles IX, et M. Obin dans le Philippe II du *Don Carlos* de Verdi. C'est tout ce que mes souvenirs me représentent, en ce genre, comme la perfection.

III

Personne ne s'entend comme Dumas à nous peindre ces époques de condottieri, d'usurpations, de querelles religieuses et de politique guerroyante. Il voit que, vers la fin du moyen âge, les peuples s'affranchissent, et, sans trop se rendre compte de cette émancipation encore imparfaite et n'affectant que les choses de la conscience, il s'attaque aux individus plus ou moins héroïques qui se dressent pour l'exploiter à leur profit, hommes de poigne et d'autorité, ne croyant ni à Dieu ni à diable, ducs et seigneurs de la race des Richard III et des Charles le Téméraire, sachant faire servir à leurs intérêts les passions et l'imbécillité des masses.

Son Guise, par exemple, a bien le physique de

l'emploi, tandis que celui de Vitet, dans *les États de Blois*, sophistique et ironise en politicien de 1830.

Encore le Guise de Dumas répond-il mieux au type. Autant on en peut dire de son Henri III, de *la Dame de Montsoreau*. Il est ce qu'il fut dans sa vie : un homme perdu de mœurs, dépravé, dégradé, mais un homme d'esprit, estimant à leur valeur et lui-même et ce qui l'entoure, et laissant aller son royaume au gré de ses mignons ; un Louis XV anticipé, très intelligent, très fin, très misérable de caractère et fort dévot ! Il intrigue et furette, il porte en sautoir des corbeilles d'épagneuls et de ouistitis, passe d'une mascarade à l'autre, promenant aujourd'hui dans les rues de Paris la procession des Flagellants, demain déguisé en femme et, les bras nus, les cheveux nattés de perles, décolleté, ambré, maquillé, assistant, à l'hôtel de Bourbon, aux parades de ses bouffons vénitiens dont les indécentes saillies font rougir le Parlement et scandalisent les huguenots, ce qui ne l'en amuse, lui, le roi, que davantage. Il étudie son Machiavel, tient cour plénière de sultan, et, nonobstant, quand il le veut, sait se faire respecter. Magot bizarre et méprisable, mais que ses côtés humoristiques et sa fin tragique recommandent aux amateurs du pittoresque et auquel il sera beaucoup pardonné pour avoir abaissé les grands — surtout les Guise — et beaucoup aimé le bilboquet.

On raconte que sa mère l'avait corrompu dès

son enfance, en lui donnant pour demoiselles d'honneur de jolies nymphes qui le servaient à table, vêtues simplement d'une couronne de fleurs dans les cheveux. De tels mensonges ne se discutent pas ; à supposer qu'il se fût trouvé parmi les filles des premières maisons de France de quoi recruter ce personnel d'odalisques, une Italienne de Florence et du XVIe siècle, même dévergondée, une Catherine de Médicis, eût compris que c'était aller contre son but, et le sens esthétique, bien plus encore que la pudeur, l'eût prémunie. Il avait pourtant une qualité rare, ce Valois : il savait, à certains moments, se rassembler, se résumer, et, sous le capuchon du moine ou le bonnet à grelots du fou de cour, évoquer le gentilhomme, ressusciter le roi.

Au train ordinaire de l'existence, ses idées se débandaient comme les perles d'un collier que nul lien ne retient plus; son moi se désagrégeait en atomes. De là, ses mélancolies funèbres, ses pensées de cloître et de mort. N'avait-il pas imaginé de partager le bois de Boulogne en six grandes allées qui toutes aboutiraient à un rond-point où s'élèverait un magnifique mausolée renfermant son royal cœur, ainsi que les divers cœurs des futurs monarques ses successeurs ? Dans les allées convergentes devaient figurer, parmi les saules et les cyprès, d'autres monuments avec statues en marbre, pour les chevaliers du Saint-Esprit. « Laissez passer un ou deux siècles, disait-il, et vous aurez là trois ou quatre cents tombes formant la plus agréable des promenades! » Et penser qu'un pareil excentrique avait pu rencontrer une Louise de Vaudemont pour l'aimer pendant sa vie et le pleurer dans un cloître après sa mort ! Qu'est-ce donc que l'on aime ? Quatre-vingt-dix-neuf vous répondront que l'on aime l'objet de sa passion ; mais le centième vous dira que ce que l'on aime dans son amour, c'est l'amour, et c'est celui-là qu'il faudra croire. Autrement, comment s'expliquer Louise de Vaudemont? Ophélie au moins devient folle et se tire d'affaire en plongeant sous les roseaux du lac; mais cette reine qui, dans le deuil et dans les larmes, survit à son Yorick couronné, à ce pantin, quels souvenirs lui restent — et, si ce n'est son propre amour, que pleure-t-elle ?

XV

Le Théâtre Historique. — Une répétition des *Mousquetaires* à l'Ambigu.

I

Conteur et dramaturge inépuisable, vulgarisateur, compilateur prodigieux, maniant et remaniant tous les sujets jusqu'à rédiger des almanachs de cuisine qu'il bourrait et farcissait d'anecdotes et d'emprunts faits à l'histoire,—Dumas fut, en littérature, l'homme universel. Il a écrit quelque chose comme douze cents volumes in-octavo, ses romans forment une bibliothèque, un théâtre, — le Théâtre Historique, fondé par lui en 1847.

Faire passer sous les yeux du public l'histoire de France et du monde entier était une entreprise intelligente à double titre, devant en même temps servir à l'instruction du peuple et à l'exploitation de l'immense succès que les romans de Dumas obtenaient alors. Nous avons vu plus haut et tout à notre aise l'auteur de *Henri III*, de *Christine*, de *Charles VII* et d'*Antony*, le Dumas poète et travaillant seul. Continuons d'étudier, sous ses deux masques de romancier et de dramaturge, le Dumas de *la Reine Margot*, de *la Dame de Montsoreau*, des *Mousquetaires* et de *Monte-Cristo*.

II

Son type ordinaire, on le connaît, et même trop :
c'est un aventurier de haute allure, un mâle, jeune
et fier, joueur, gausseur, noceur, très ferré sur le
point d'honneur, sans aucun principe ni scrupule
dans tout le reste, buvant le vin de l'hôte, caressant
sa femme ou sa fille, le tuant au besoin, impertinent,
inconscient, allant où son plaisir le mène et logeant
avec La Môle, Coconnas, Chicot, Gorenflot, Bussy-
d'Amboise, d'Artagnan et consorts, chez maître La
Hurière ou ses successeurs, « A la Belle Étoile ». Chose
étrange que Dumas, qui, toute sa vie et très loyale-
ment, pratiqua la foi républicaine, ait tant choyé cet
idéal d'ancien régime. Car il n'y a pas à dire, le gros
de son œuvre se meut dans cet élément ; ses concep-

tions modernes — celles-là, d'ailleurs, très vigoureuses et surchauffées de patriotisme — *le Chevalier de Maison-Rouge*, *les Compagnons de Jéhu*, son Marceau dans *la Rose rouge* — forment l'exception.

C'est que Dumas reste avant tout un homme du XVIe siècle. Aussi le romantisme, chez lui, coule de source ; l'élan de nature va même si loin, que, lorsqu'il s'engage au travers d'une de ces nouvelles que Mérimée vous raconte d'un trait, il dépasse le but et se met inutilement en quatre pour vous peindre des bonshommes et des passions à pourpoint et cotte de mailles et qui ne sont gauches qu'en raison de l'habit noir dont il les affuble [1]. Ses vrais héros sont de beaux seigneurs, des tempéraments insoumis aux lois ordinaires de la physiologie ; ils vivent et meurent à volonté, et, fussent-ils vingt fois transpercés, ne succombent jamais que parce qu'il faut que le roman ou la pièce ait une fin.

Au dénouement de *la Dame de Montsoreau*, Bussy tient tête à quatorze individus armés jusqu'aux dents ; coups de rapière, de poignard, d'arquebuse, rien ne lui fait. Assailli, traqué dans un appartement, il renverse les meubles, éteint les lumières

---

1. Voir *Amaury*; *Fernande*, *le Capitaine Paul*, *le Maître d'armes*, et dans les *Souvenirs d'Antony*, *le Bal masqué* et *le Cocher de Cabriolet*. Ce genre de roman n'est qu'un accident, Dumas n'a jamais été le romancier de son époque.

et si bien s'escrime, qu'il est en train de les jeter sur le carreau quand le traître arrive par derrière et lui brise le crâne d'une balle. A chaque instant se rencontrent de ces combats de géants renouvelés d'Homère et des vieux livres de chevalerie ; mais tout cela joyeusement conté, plein de gaillardise, de gai savoir et d'une telle verve que, comme La Fontaine à *Peau d'Ane*, vous y prenez un plaisir extrême.

Dumas, parmi tant de talents et de ressources, en avait deux dont il aimait à se vanter : sa calligraphie et son escrime. Il se ressouvenait volontiers qu'avant de vivre de ses écrits, il avait vécu de son écriture : pas un seul de ses ouvrages qui ne fût d'un bout à l'autre soigneusement copié de sa main. Je le vois encore le coude appuyé sur l'oreiller, modelant cette belle ronde dont il se servait pour écrire ses manuscrits de théâtre, qu'il avait l'habitude de minuter dans son lit, parce que, disait-il, ce genre de travail lui donnait toujours un peu de fièvre. Quant à son aptitude au jeu des armes, comme à tous les autres exercices du corps, il ne perdait pas une occasion d'y revenir, et ses Mémoires nous en informent avec complaisance. « C'est-à-dire que je montais tous les chevaux, que je faisais douze lieues à pied pour aller danser à un bal, que je tirais habilement l'épée ou le pistolet, que je jouais à la paume comme Saint-Georges, et qu'à trente pas je manquais rarement un lièvre ou un perdreau. » Aussi le récit d'un duel occupe-t-il des pages entières de ses romans.

Tout le vocabulaire des salles d'armes y passera. Telle rencontre, qui sur le terrain dure trois minutes, va promener le lecteur pendant un quart d'heure, grâce à l'incroyable abus que nous faisons aujourd'hui des mots techniques. Prenez *Clarisse Harlowe*, le plus beau roman qui existe et certainement le moins concis, relisez le duel de Lovelace et du colonel Morden, cherchez là dedans des termes techniques, vous n'en découvrirez pas ; le combat est raconté avec l'exactitude triste et naïve d'un témoin, et, dès lors, avec une parfaite éloquence, celle des faits, celle des choses. « Le chevalier jura qu'il n'était pas atteint : c'était une piqûre d'épingle, dit-il ; et aussitôt il fit une passe contre son antagoniste. Celui-ci, avec une dextérité merveilleuse, la reçut par-dessous son bras et s'élança sur mon cher maître et le frappa au milieu du corps. Le chevalier tomba en disant : « La chance est pour vous, Monsieur. » O ma Clarisse!... » Il prononça au dedans de lui-même trois ou quatre paroles. Son épée tomba de sa main, M. Morden jeta la sienne et courut à lui en disant en français : Ah ! « Monsieur, vous êtes un
» homme mort, recommandez-vous à la miséricorde
» de Dieu. »

Qu'est-ce que notre mise en scène, qu'est-ce que l'art du paysage et du pittoresque au regard d'une pareille éloquence? Il n'y a rien après de telles beautés.

L'invention des personnages secondaires qui doivent faire ressortir une pensée principale : attribut souverain de Shakespeare que possède aussi Richardson dans *Clarisse*; témoin le rôle de ce domestique dans le paragraphe que je viens de citer.

A ce cycle de romans de chevalerie se rattachent *les Mousquetaires*, y compris *le Vicomte de Bragelonne*, le tout formant une héroïde en trente volumes in-octavo : l'œuvre la plus vigoureuse et la plus curieuse, la plus historique et la plus fantastique, la plus enchevêtrée et la mieux conçue, la plus vivante, la plus étonnante et la plus amusante qui se puisse imaginer. De semblables inventions ne s'analysent pas ; il vous faut être saisi, émerveillé, quand même. Vous trouverez là, par exemple, des notions tout à fait originales sur Richelieu, Mazarin et Louis XIV; mais qui niera que ce livre n'ait pu être fait que par un homme sachant l'histoire ? Parlerons-nous d'invraisemblances au milieu des mille et une apparitions de ce labyrinthe où l'on nous égare ? Notre érudition se révoltera-t-elle à la vue de ce mousquetaire s'introduisant dans le camp du général Monk et le livrant lié et garrotté à Charles Stuart, uniquement pour offrir au prétendant l'occasion de se procurer la couronne d'Angleterre par un acte de générosité ? Prendrons-nous les airs effarouchés d'un Prudhomme au spectacle de ce Louis XIV impossible, et plus mythologique que nature, qu'un autre mousquetaire enlève au beau milieu de sa Cour et retient deux jours prisonnier à la Bastille, installant sur le trône, à sa place, son frère jumeau? A Dieu ne plaise! Les choses de cet ordre défient la critique et n'en sont pour cela que plus typiques. D'Artagnan appartient à l'histoire comme don Quichotte, et ce roman de cape et d'épée, à travers ses folles aventures et ses gasconnades, peut se lire aussi avec fruit et servir, d'une certaine manière, à l'étude de notre xviie siècle. Mais ce qui en ressort, ce qui éclate, c'est le talent et le génie de l'homme, cet esprit d'entrain, de gaieté, de clarté, — le plus français qu'il y ait eu dans toute cette époque du romantisme si féconde en variétés intellectuelles. Mérimée et Musset ont la clarté; mais ils n'ont pas cette abondance continue, ce joyeux rire bon enfant du conteur qui s'amuse de ses propres récits. La gaieté, chez les autres, tourne à l'ironie, devient licence; chez Dumas, point. Ceux qui vécurent près de lui vous diront que, lorsqu'il travaillait seul, dans sa chambre, on l'entendait souvent, de la pièce voisine, pouffer de rire en écrivant.

III

Il fut un temps où ce titre des *Mousquetaires* exerça sur le public une influence talismanique. Après avoir dévoré le roman, on courait au drame. C'était à qui se retrouverait en compagnie des trois héros. Dumas fils nous rappelle à ce sujet une drôle d'anecdote et bien caractéristique à laquelle deux ou trois amis assistèrent, à la première des répétitions générales. La répétition avait lieu sans costumes ni décors : un rideau de fond tout bonnement et des portants de chaque côté.

Derrière un de ces portants, pendant les six premiers tableaux, nous avions vu le casque d'un pompier qui écoutait la pièce, très attentif. Au milieu du septième tableau, le casque disparut :

— Est-ce que tu vois le casque du pompier, toi ? dit Dumas à son fils.

— Non, il n'est plus là.

Après l'acte, Dumas se mit en quête du pompier, qui ne le connaissait pas, et, le rejoignant :

— Pourquoi, lui demanda-t-il, avez-vous cessé d'écouter le tableau ?

— Parce qu'il ne m'amusait pas autant que les autres.

La réplique suffit à Dumas ; il s'en va dans le cabinet du directeur Béraud ; il ôte sa redingote, sa cravate, son gilet, ses bretelles, ouvre le col de sa chemise comme il faisait quand il se mettait à travailler, et demande la copie du septième tableau ; on la lui donne, il la déchire et la jette au feu :

— Qu'est-ce que vous faites là, lui dit Béraud ?

— Il n'a pas amusé le pompier, je le détruis. Je vois bien ce qui manque.

Et, séance tenante, il le récrit.

Un autre exemple de cette facilité d'improvisation. Après la répétition générale d'*Halifax*, Dumas, s'adressant aux acteurs :

— Mes enfants, la pièce n'est pas bonne ; il y faut absolument un prologue. Êtes-vous capables de l'apprendre d'ici à demain ? Je vais vous le faire.

On accepta et le prologue fut écrit, appris et joué dans les vingt-quatre heures. Lisez-le, c'est un bijou.

Comme Lamartine, comme Rossini, il oubliait très vite ce qu'il avait produit, et, quand il revoyait à distance une de ses œuvres, il était on ne peut plus juste envers lui-même.

Un jour, — environ deux ans avant sa mort, — Dumas fils le trouva lisant :

— Qu'est-ce que tu lis là ?

— *Les Mousquetaires*. Je m'étais toujours promis de lire ça quand je serais vieux pour me rendre compte de ce que ça vaut.

— Eh bien, où en es-tu ?

— A la fin.

— Qu'est-ce que tu en penses ?

— C'est bien.

A quelques jours de là, même scène.

Seulement il s'agissait d'un autre de ses livres : *Monte-Cristo*.

— Qu'en penses-tu ?

— Peuh ! Ça ne vaut pas *les Mousquetaires*.

XVI

Le père et le fils. — M. Auguste Maquet à la première des *Mousquetaires.* — Les romans de Sue et de Frédéric Soulié à propos de *Monte-Cristo.*

I

Ces apparitions du fils se rapprochant de plus en plus, à mesure que le déclin s'annonce, ces entrées et sorties pleines de sollicitude, et pour la vie du père et pour sa gloire, tout en n'ayant rien que de très naturel, caractérisent bien le genre particulier de sentiment qui ne cessa d'exister entre les deux Dumas. C'étaient deux amis très affectueux et très tendres, que ce père et ce fils, et c'étaient en même temps deux confrères.

« Je ne sais pas de caractères plus opposés que celui d'Alexandre et le mien, et qui cependant aillent mieux ensemble. Nous avons certes de bonnes heures parmi celles que nous passons loin l'un de l'autre; mais je crois que nous n'en avons pas de meilleures que celles que nous passons l'un près de l'autre. »

Ils s'aimaient très solidement, à bâtons rompus, se quittaient, se retrouvaient; quelquefois même ils se perdaient tout à fait de vue. Dans ces occasions, si le vieux Dumas vous apercevait, il arrêtait sa voiture et vous demandait des nouvelles de son fils en vous tendant la main :

— Que devient Alexandre ? Le voyez-vous ? Moi, jamais, si ce n'est pour lui dire bonjour quand je le rencontre aux enterrements.

En revanche, quand ils se rejoignaient, ils en avaient long à se dire, on laissait aller la causerie, et la causerie insensiblement prenait un air de collaboration fortuite.

« — Mon fils était à la campagne, à Sainte-Assise, près Melun ; je résolus d'y aller faire mon roman... »

Il s'était installé et le roman n'avançait pas. Comme il s'en plaignait à son fils :

— Bon, lui dit Alexandre, dans trois jours, tu auras écrit un demi-volume.

— Alors tu m'aideras ?

— Oui, je vais te donner deux personnages.

— Voilà tout ?

— Tu es trop exigeant; le reste te regarde. Moi, je fais ma *Question d'argent*.

On n'oserait pourtant affirmer que Dumas père n'ait point ressenti au cœur quelque amertume à propos des premiers grands succès de son fils;

l'événement le déconcerta, il s'attendait à quelque chose de flatteur pour son orgueil paternel, mais à quelque chose de modéré, d'éphémère; il n'avait pas compté sur cette explosion, et ce grand garçon, venant ainsi lui crier : Part à deux! le troubla considérablement. On a beau chérir son fils, on n'aime jamais l'avoir pour rival. Il semble même que la nature ait prévu le cas en ne laissant qu'à de très rares intervalles se reproduire ces occasions d'un sentiment, fâcheux sans aucun doute, mais fort humain. Ce qui l'emporta d'abord chez Dumas, ce fut l'étonnement : il ne pouvait se résoudre à prendre au sérieux ce feu de paille.

Un jour de l'été 1853, traitant avec le directeur du Gymnase d'un ouvrage qu'il voulait voir donner en décembre :

— Décembre! objecta Montigny, c'est trop tôt; songez donc que *Diane de Lys* passe en octobre et qu'il nous faut laisser à la pièce de votre fils le temps de fournir sa carrière.

— Et vous croyez bonnement, vous, reprit Dumas, que la pièce d'Alexandre ira si loin? Allons donc, mon cher, vous jouerez *Diane de Lys* le 30 septembre, et, fin octobre, il n'en sera plus question.

Du reste, la crise de mauvaise humeur ne dura qu'un moment, et ce fut, dans la suite, l'excès contraire.

Cette jeune renommée alors lui tourna la tête, il s'en proclama partout le père, il en devint l'amant et mit à l'accaparer, à la confisquer, son entraînement ordinaire.

« Je vous parlerai d'un beau et fier garçon, plein de force, de jeunesse, de santé, et je puis ajouter hardiment, plein d'avenir ; je vous parlerai de mon meilleur ouvrage, à moi, de M. Alexandre Dumas fils. Je vais le prendre à vingt ans, le suivre dans ses travaux de théâtre et chercher quelle influence la vie privée peut avoir sur la vie littéraire. »

La vie privée, vous entendez bien ; voilà qui nous promet plusieurs romans : le roman de Marie Duplessis avec *la Dame aux Camélias*, le roman de la dame aux perles avec *Diane de Lys*, le roman de madame Adriani avec *le Demi-Monde*... tout cela très adroitement mis en scène, et raconté d'un art miraculeux, mais sans un soupçon de vérité ni de bienséance. Un père, si prodigue qu'il soit, n'a jamais bonne grâce à raconter au public les maîtresses de son fils, et, de ce que les histoires sont plus ou moins fausses, le tort n'en est pas atténué :

« L'étude que je fais sur lui, je pourrais la faire sur tous et sur moi-même. »

Singulière étude, on l'avouera, et dont la courtisane Marie Duplessis nous semble avoir résumé la moralité par ces mots :

« Alexandre est Dumas fils, mais vous n'êtes pas Dumas père, vous ne le serez jamais. »

Il le redevient pourtant à la fin en célébrant la gloire de son fils :

« Il a pris au collet son époque; ses œuvres sont bien de lui. On sent que chaque acte, chaque scène, chaque phrase, chaque parole est non seulement de lui, mais encore ne peut être que de lui ; c'est que c'est son champ, son domaine, sa propriété, qu'il la tient de lui-même et non par héritage ; car, moi-même le premier, je me reconnais impuissant à faire *le Demi-Monde*, *Diane de Lys* et *la Dame aux Camélias*. »

N'allons point croire que Dumas s'humilie par cet aveu, car il ajoute à l'instant, en manière de correctif : « Je puis faire autre chose; je puis faire *Antony*, *le Comte Hermann* et *la Conscience*. »

Ainsi jadis Voltaire écrivait à un ami, après avoir lu les Mémoires de Beaumarchais : « Il y a là dedans bien de l'esprit ; mais convenez qu'il en faut encore davantage pour écrire *Alzire* et *Zaïre*. »

I

La pièce des *Mousquetaires* devrait s'appeler *Vingt Ans après* ; car elle fut tirée de la deuxième partie du roman, et *la Jeunesse des Mousquetaires* ne vint qu'ensuite. Ici, je passe la parole à qui de droit, et c'est Dumas fils qui va nous renseigner.

« Cette première représentation eut lieu à l'Ambigu, le 7 octobre 1845... Je me rappelle exactement la date, parce que c'est ce jour-là que je me brouillai avec Marie Duplessis, qui devait devenir la Dame aux Camélias, et je me brouillai avec elle pour n'avoir pas pu lui procurer une loge de galerie. J'étais dans une loge avec ... j'étais jeune et j'avais pour voisins Maquet et sa famille, qui assistaient en simples spectateurs à cette pièce. Il n'était pas question que Maquet fût nommé ; du reste, il n'y avait aucune prétention. Pendant l'avant-dernier tableau, mon père me fit appeler par l'ouvreuse et me dit : « Tu vas bien t'amuser, si la pièce continue à marcher ainsi ; je veux faire une surprise à Maquet en le faisant nommer avec moi sans le prévenir ; tu verras son émotion. Mais n'en dis rien.

» Après la chute du rideau, Mélingue vient nommer MM. Alexandre Dumas et Auguste Maquet. Alors, un grand cri dans la loge voisine : Maquet qui ouvre la porte et se précipite sur la scène où il embrasse mon père en pleurant [1] ! »

En résumé, Dumas n'eut guère d'imitateurs ni d'élèves ; il vous absorbait ou vous assistait ; l'habitude qu'il avait de compléter ces embryons d'idées qu'on lui apportait, de deviner ce que vous aviez voulu faire et de le faire pour vous, l'entraînait souvent à croire au talent de gens qui n'en avaient pas :

— Je ne sais ce qui manque à Mallefille pour être un homme de talent, disait-il un jour.

1. On trouvera, au tome VIII des *Mémoires*, p. 220, une note confirmant ce fait : « J'ai tenu, en effet, cette résolution (de se faire toujours nommer seul) jusqu'au jour où la grande amitié que je portais à Maquet me détermina à lui faire la surprise de le nommer avec moi comme auteur du drame des *Mousquetaires* ; c'était justice d'ailleurs, puisque nous avions fait non seulement le drame mais encore le roman en collaboration. Je suis heureux d'ajouter que, quoique nous ne travaillions plus ensemble, cette amitié est toujours la même, de mon côté du moins. »

— Il lui manque peut-être le talent, répondit quelqu'un.

— Tiens ! c'est vrai, je n'y avais pas pensé.

Son étonnement, en présence d'une conception si imparfaite qu'elle fût, grandissait volontiers jusqu'à l'admiration; il vous savait gré du plaisir que vous lui procuriez en lui donnant l'occasion de travailler davantage. Nommerai-je Leuven, Lockroy, Anicet Bourgeois, Hippolyte Romand, Paul Meurice (pour *les Deux Diane*)? De tous ces affluents, le plus considérable fut Auguste Maquet, qu'il a néanmoins entraîné, dissous dans son large et rapide cours, comme le Rhône fait de la Durance.

III

Sans parler de Balzac, dont l'œuvre est un trop gros morceau pour figurer incidemment, je citerai pourtant deux romanciers : Frédéric Soulié et Eugène Sue, qui, même à côté du grand Dumas, réussirent à marquer leur personnalité. L'un, excessif et démoniaque, talent barbare, poussé au noir, ne se complaisant que dans l'horrible, et qui semble un dérivé du Victor Hugo de *Han d'Islande*; l'autre, inventeur d'affabulations inénarrables, virtuose en matière de paradoxes, associant les préceptes les plus cyniques d'un matérialisme éhonté, crapuleux, à je ne sais quel *humanitarisme* amphigourique, sans style, sans art, sans littérature, et qui, j'en ai peur, eut un moment d'influence sur Dumas,

La théorie du contraste et de l'antithèse, achalandée par Victor Hugo, venait d'avoir son paroxysme et sa grimace dans *les Mystères de Paris*; déjà, dans *Atar-Gull* (1832), on avait vu le plus ignoble des scélérats se mettre au régime de l'opium pour échapper aux terreurs de sa conscience et se mijoter de petits rêves d'homme vertueux, « aimant à voir se lever l'aurore ». La jouissance effrénée, incessante, l'oubli du crime et de la honte obtenus par des moyens physiques, l'or devenu facteur universel et dernier principe des choses, une fois qu'on s'installait sur ce domaine de la féerie et que la vogue à ce point s'en mêlait, Dumas n'était pas homme à se laisser distancer.

Il rentra donc au fourreau sa rapière et prit la lampe d'Aladin.

Poétiser, dramatiser jusqu'au merveilleux les raffinements du parisianisme moderne, atteindre à l'impossible délire, au surnaturel de la jouissance : voilà le sujet! Frédéric Soulié et Eugène Sue l'avaient conçu et galvaudé; Dumas, dans *Monte-Cristo*, l'exécuta de main de maître; il y mit sa puissance et ce quelque chose de naïf qu'il avait en lui comme pour vous désarmer devant ses plus folles audaces. L'or gouverne tout; ayez-en des montagnes, et le don des miracles vous écherra :

    Ulric, nul œil des mers n'a mesuré l'abîme !

Le comte de Monte-Cristo peut se dispenser de

jeter la sonde dans le gouffre de sa fortune, car la sonde n'en atteindrait pas le fond.

Un banquier, chez qui il se présente avec une lettre de crédit illimité, lui demande s'il estime que ce soit assez d'un million par an?

— Un million! répond le comte en souriant; mais c'est ce que j'ai l'usage de porter sur moi comme argent de poche.

Et penser que tant d'opulence ne fait pas le bonheur! L'histoire du roi Midas nous avait autrefois dit un mot de cette vérité, la fable de *Monte-Cristo* nous la confirme. Abusez de vos sens, ils s'émoussent : autre vérité vieille comme le monde. Atar-Gull ne vivait plus que d'opium, Monte-Cristo se bourre de hatchich.

On se travaille, on se consume en efforts de Titan pour conquérir le règne de la matière, et pas plutôt on l'a saisi, qu'on sent le besoin de remonter au rêve. Au rêve? Non, ce serait trop d'honneur, mais à l'hallucination, ce hideux mysticisme de la brute!

A ce dilettante rassasié de spectacles il faut des combats de gladiateurs; ce qui, le personnage étant donné, devient simplement une manière de sport. Car nous avons affaire au héros le plus complet, habile à tous les exercices, à toutes les gymnastiques du corps et de l'esprit, menant avec la même hardiesse, le même élan, l'équitation, la natation, le saut, la danse et les belles-lettres;

parlant toutes les langues, pour les avoir apprises, au fond des cachots, de la bouche d'un brave abbé qui se les a enseignées à lui-même. Nous sommes en pleine féerie. Edmond Dantès sortira sain et sauf de l'épreuve, et la suite de son existence sera consacrée au châtiment de ses ennemis.

XVII

Le castel de Monte-Cristo. — Ses hôtes. — Sa ménagerie. —
Le commencement de la débâcle.

I

Dans une de ses *Causeries*, Dumas raconte ce qu'il appelle « l'état civil » de *Monte-Cristo* : « Vers 1843, je passai un traité avec Béthune et Plon pour leur faire huit volumes intitulés : *Impressions de voyage dans Paris*, lorsqu'un matin Béthune vint me dire, en son nom et au nom de son associé, qu'il entendait avoir tout autre chose qu'une promenade historique et archéologique à travers la Lutèce de César et le Paris de Philippe-Auguste; qu'il entendait avoir un roman dont le fond serait ce que je voudrais, pourvu que ce fond fût intéressant, et dont les *Impressions de voyage dans Paris* ne seraient que les détails. » Ce libraire avait évidemment la tête montée par le succès d'Eugène Sue. « Monsieur de Montesquieu, faites-nous des *Lettres Persanes*. » — « Monsieur Dumas, faites-nous des *Mystères de Paris*. » Toujours la même anecdote qui recommence! Dumas se monta la tête à son tour, inventa son intrigue, en causa très longuement avec l'ami Maquet, rumina, labora, collabora, et les beaux jours du Chourineur, de la Chouette et du grand duc de Gerolstein se levèrent de nouveau sur l'Europe. Le succès fut même à ce point extravagant qu'il devint à la fois pour l'auteur une cause de fortune et de ruine C'était, avec Dumas, le train ordinaire :

Et par où l'un périt un autre est conservé.

Lui, s'arrangeait invariablement de manière à périr par ce qui amenait le salut des autres. Après avoir, sous forme de roman, rempli ses coffres, Monte-Cristo voulut être château et les vida.

Quel promeneur solitaire ne s'est arrêté, n'a médité devant cette Palmyre édifiée jadis à si grand frais entre Marly et Saint-Germain ? Quel pèlerin, après avoir, du dehors, vénéré le sanctuaire, n'a tenu à visiter l'intérieur d'étage en étage, écoutant avec attention et dévotion les récits du cicerone, encore moins invraisemblables que la vérité? Car c'est une légende que cette construction, une ballade d'opéra-comique en soixante couplets, épars deçà delà dans le pays, et que chaque village, chaque bourg, chaque ferme vous débite dans son patois.

Nous-même en avons recueilli sur place un détail bien original, en nous promenant un matin dans la cour du pavillon d'Henri IV. Nous admirions depuis un quart d'heure un superbe vautour, immobile et mélancolique au perchoir, et cherchions à nous expliquer sa présence en pareil lieu, quand le propriétaire de l'établissement, devinant le sujet de notre rêverie :

— Ce vautour que vous voyez là, Monsieur, savez-vous ce qu'il me coûte? Mille écus, pas un sou de moins!

— Diable! mais alors c'est un vautour savant? Et de qui l'avez-vous acheté si cher?

— Je ne l'ai pas acheté, Monsieur, je l'ai pris en règlement de compte pour trois mille francs qui m'étaient dus là-bas.

Et, parlant ainsi, le brave homme d'aubergiste menaçait du poing le castel de Monte-Cristo, qui le narguait à l'horizon. La Fontaine nous avait donné la fable de l'âne revêtu de la peau du lion; l'aubergiste, couvert d'une peau de vautour, était un apologue qui restait à faire.

Ce vautour — une des épaves du fameux voyage en Algérie, entrepris sur un bâtiment de l'État par ordre de M. de Salvandy, ministre de l'instruction publique, — ce vautour avait d'abord eu pour nom *Jugurtha*, à cause de son origine africaine; mais, depuis qu'il s'était laissé choir dans un tonneau défoncé, on ne l'appelait plus que *Diogène*. « Je déteste les bêtes, mais j'adore les animaux ; j'avais ou plutôt j'eus successivement cinq chiens ; j'avais un vautour, *Diogène* ; deux singes, une guenon, un grand perroquet bleu et rouge, un autre vert et jaune ; j'avais un chat appelé *Mysouff*, un faisan doré appelé *Lucullus*, un coq appelé *César*, plus un paon et sa paonne, une douzaine de poulets et deux pintades, animaux que je ne place ici que pour mémoire, leur personnalité n'existant pas ou étant profondément médiocre. »

Dumas n'aimait et ne voulait, en fait d'animaux, que ceux qu'il considérait comme des candidats à l'humanité, et ce passage que je tire de l'*Histoire de mes bêtes* me fait penser à certain morceau des Mémoires du prince de Ligne qu'il en faut rapprocher : « Que sur les rives de mes fontaines tout retentisse d'une augmentation considérable d'animaux, que toutes les pièces d'eau soient troublées par les sauts de plusieurs milliers de carpes ; que les canards fassent partout des nids ; que l'on rencontre jusqu'à des oies ; que les pigeons, chassés de tous côtés, viennent se réfugier sur les toits ; beaucoup de paons surtout, quoique je déteste les orgueilleux. Que tout soit habité ; que l'on rencontre beaucoup de gens, n'importe de quelle espèce ils soient ; enfin toute sorte de gens, même des bêtes, pourvu que ce ne soient pas des sots. »

On lui faisait accroire qu'il aimait les animaux, et son domestique — un nommé Michel, qui les aimait à la manie — profitait de la circonstance pour entretenir une ménagerie aux dépens de son maître. Dumas, comme tout le monde, avait à se plaindre des hommes ; alors lui venaient ses heures de misanthropie pendant lesquelles il se rapprochait des animaux, qui, de leur côté, ne l'épargnaient guère. Vous savez son histoire avec l'ara du colonel Bro. Il arrive un matin chez le colonel pendant le déjeuner, s'installe au salon en attendant, et, voyant sur son perchoir un ara, jaune, rouge et bleu, l'aborde familièrement et commence à lui gratter la tête. L'ara, qui, paraît-il, était ce jour-là d'humeur grognonne, envoie au malencontreux visiteur un coup de bec à l'estropier.

Dumas dégage son doigt, essuie le sang, retourne à l'oiseau, lui tord le cou, et tranquillement fait disparaître sous un meuble le corps du délit. Pendant ce temps, le colonel et sa femme se sont levés de table ; ils entrent, on cause de chose et d'autre ; puis on se quitte sans qu'il soit question de rien. A quelques semaines de là, Dumas dînait chez le colonel Bro ; la conversation s'établit sur l'histoire naturelle ; on parle des éléphants qui s'agenouillent pour faire leur prière et qui se retirent à l'écart pour cacher leur mort.

— Quant à ce dernier trait, remarque alors la femme du colonel, il faut croire qu'il est commun à tous les animaux.

Et, s'adressant à Dumas

— Vous vous souvenez de mon grand perroquet bleu, jaune et rouge?

— Parfaitement; est-ce qu'il lui serait arrivé malheur?

— Hélas! la pauvre bête est morte et figurez-vous, monsieur Dumas, que nous l'avons retrouvée dans un coin du salon, sous le canapé; ce qui prouve bien que cette pudeur devant la mort est un instinct commun à tous les animaux de la création et que nos perroquets domestiques l'ont en partage, aussi bien que les rois de la forêt.

Une autre fois, c'était son chien Mouton qui lui broyait la main.

J'ignore dans quel état est Monte-Cristo aujourd'hui; mais je sais que, de ce temps, il n'y avait jamais eu ni mur, ni fossé, ni haie, ni clôture quelconque. Les gens comme les bêtes y pouvaient entrer, s'y promener tout à leur aise et même au besoin y élire domicile. Les amis amenaient leurs amis, et, de son côté, le chien de la maison ne rentrait jamais sans être accompagné d'un camarade racolé parmi tous les barbets, griffons, bassets à jambes torses et faux terriers de la contrée.

II

On ne s'imagine pas ce que cette aventure engloutit d'argent. Dumas habitait à Saint-Germain, dès 1844, la Villa-Médicis. Il payait deux mille francs de loyer; c'était petit mais suffisant; il voulut avoir son manoir à lui, choisit un terrain à mi-côte sur la route de Saint-Germain à Marly, fit un plan, un devis ; le tout devait coûter quarante-huit mille francs : cela en coûta trois cent mille ; il fallut détourner des sources, creuser des fondations énormes, bâtir des murs pour soutenir les terres le long de la route. Puis vinrent les sculpteurs, les peintres... Il avait ramené de Tunis, en 1846, un vieux Michel-Ange et son petit-fils qui lui firent une chambre arabe encore existante et

fort jolie, une miniature d'Alhambra ; les sources
détournées un peu plus haut fournissaient l'eau
d'un bassin au milieu duquel s'éleva une maison-
nette-rocaillé, portant de place en place, incrustés
sur des applications de pierre lisse, les noms des
divers ouvrages du châtelain publiés jusqu'alors.
Cet ermitage fut le commencement de sa ruine.
Seuls, les frais d'huissier s'élevaient de vingt-cinq
à trente mille francs par an sur cet immeuble que
Dumas s'obstinait à conserver ; il payait les frais,
et devait toujours la même somme. A la fin, pourtant, ce beau domaine fut vendu au prix de trente
mille francs ! Et c'était encore une bonne affaire
pour le propriétaire, qui se débarrassait du même
coup et des huissiers et des clients.

Tout grand arbre, dans la forêt, a son espèce particulière de rongeurs. Dumas nourrissait, engraissait,
du meilleur de sa substance, une nuée de saute-
relles. Il lui en affluait des quatres coins de l'horizon.
Bien des gens se demandent encore comment un
homme doué d'une si indomptable faculté de travail,
qui n'était ni joueur ni buveur et gagnait tout l'argent qu'il voulait, a pu vivre de la sorte au milieu
de la gêne et des expédients. Ce sont les parasites
qui l'ont dévoré, parasites mâles et femelles. Il
recevait ses hôtes quels qu'ils fussent, leur livrait
la maison depuis la cave jusqu'au grenier, l'écurie
avec les quatre chevaux, les remises avec les trois
voitures, le jardin avec son poulailler, son palais

des singes, sa volière, sa serre, son jeu de tonneau et ses fleurs. On se répandait un peu partout, et chacun choisissait, selon son caprice, qui les singes, qui la volière, qui la serre, qui les poules. Quant à lui, il montait à sa chambre ou se retirait, pour écrire ses trois feuilletons quotidiens, dans son petit pavillon à verres de couleur qui lui servait de cabinet de travail. « Je ne dis point que mes feuilletons ne m'amusent pas à faire, mais, en les faisant, je ne m'amuse pas à la façon de ceux qui n'en font pas ! »

Aimable et douce philosophie, mœurs fantaisistes d'un château dont les générations de l'avenir se raconteront la légende, comme nos pères se racontaient les Mystères d'Ubald ou mettaient en musique la Dame blanche d'Avenel.

Un soir, on sonne à la cloche de la tourelle. Un étranger se présente :

— Jeune homme, que me voulez-vous ? lui dit le maître. Il me semble ne vous avoir jamais vu.

— En effet, Monsieur, répond l'intrus, vous ne me connaissez pas ; mais voici qui va me faire connaître.

A ces mots, Dumas prend des mains du noble étranger un carton, soigneusement scellé et ficelé, qu'il s'empresse d'ouvrir ; puis, après un moment de rêverie, et déployant avec stupeur l'objet visqueux et souple contenu dans ce paquet :

— Mais c'est un fourreau de parapluie que vous

m'apportez là! Est-ce que, par hasard, vous en vendez, des parapluies?

— Erreur, monsieur Dumas! ce que vous prenez pour une simple gaine de taffetas gommé est la peau d'un magnifique boa constrictor.

— Et que diable voulez-vous que j'en fasse, de votre peau de boa constrictor?

— Vous en ferez une relique, quand vous saurez que le serpent dont on vous offre ici la peau fut tué jadis, en Égypte, d'un coup de fusil, par le général Dumas votre père.

Il n'en fallut pas davantage; à partir de ce moment, l'homme au boa constrictor élut domicile à Monte-Cristo; Dumas, séance tenante, le garda à dîner, puis à coucher, et, de trois ans, il ne s'en alla plus.

XVIII

Balsamo. — Le Chevalier de Maison-Rouge.

I

Revenons à ses romans... Mettre en romans l'histoire de France était son rêve, il nous le dit dans *Isabel de Bavière*; mais, incertain du lendemain, il procédait un peu comme depuis nous avons vu faire Herbert Spencer, qui, de peur d'être pris de court par la mort, avant d'avoir terminé son œuvre philosophique, nous en donne tout de suite la conclusion, se promettant de revenir aux études qui devaient la préparer. De là, nécessairement, bien des lacunes. Ainsi, dans la série qui commence par *Balsamo* et se continue par *le Collier de la Reine, Ange Pitou, la Comtesse de Charny* et *le Chevalier de Maison-Rouge*, manquent les points de ralliement; « il y a des trous », comme on dit en jargon de théâtre. De cette Bibliothèque Bleue que les événements de la Révolution ont suscitée et alimentée, le livre le premier en date fut, je crois, *le Chevalier de Maison-Rouge*. On se rappelle peut-être le fameux chant des Girondins : *Mourir pour la patrie !* Le jour où on le répéta au Théâtre-Historique, Dumas dit au chef d'orchestre : « Et quand on pense, mon cher Varney, que la prochaine révolution se fera sur cet air-là ! » Il ne se trompait pas ; la révolution de 1848 se fit sur l'air qu'il avait indiqué.

Dumas se plaint quelque part du nombre infini d'histoires qui poussent autour de chacun de ses ouvrages; il oublie en cela l'une de ses qualités les plus absolument personnelles : émouvoir les imaginations. C'est cela qui surtout l'a rendu populaire; aucun ne dégage à ce point l'électricité; quoi qu'il invente, on s'y intéresse, il faut qu'on s'en occupe soit en bien, soit en mal. C'est un génie-torpille qui fait tout sauter alentour. *Le Chevalier de Maison-Rouge*, en tant que drame, eut pour lui le fameux chant des Girondins. *Le Chevalier de Maison-Rouge*, en tant que roman, aura son anecdote. Dumas prétendait que l'exécution d'un roman ou d'une pièce n'était rien. La conception, l'ordonnance, la distribution et l'agencement de l'idée résumaient, pensait-il, toute la difficulté. Une fois cela trouvé, la main pouvait aller de l'avant toute seule. Or, il advint qu'un jour, quelqu'un soutenait justement l'avis contraire; Dumas, qui préparait alors *le Chevalier de Maison-Rouge*, dont il avait tout le plan dans la tête, paria avec son interlocuteur d'écrire le premier volume en soixante-douze heures, y compris les repas et le sommeil. La gageure de cent louis fut acceptée, signée et parafée : les soixante-quinze grandes pages devant contenir, pour former le volume, chacune quarante-cinq lignes de cinquante lettres ; en soixante-six heures, Dumas les remplit de sa belle écriture, sans rature, gagnant de six heures.

Le Chevalier de Maison-Rouge est un de ses bons romans. La manière dont Dixmer fait servir au salut de la reine l'adultère de sa femme, le caractère de Lorain, le dénouement sont ce qui se peut lire de plus émouvant. Sur cette fresque, brossée à larges traits et que peuplent des personnages imaginaires, les figures de Marie-Antoinette et de Madame Élisabeth mettent leur valeur historique. Dumas a le respect des choses saintes ; ce diable d'homme qui vous parle toujours de « violer l'histoire pour lui faire des enfants », sait aborder honnêtement les grandes infortunes. Il n'en dit ni trop ni trop peu, s'incline à propos, pleure au besoin, mais sans jamais sortir de la mesure. Combien ont voulu toucher à de tels sujets, qui se sont égarés, empêtrés, tantôt à droite et tantôt à gauche. Dumas possède cet art de ne pas s'écarter du ton, et d'éviter le sentimentalisme des larmoyeurs et la grossièreté des malappris. „Vous êtes sûr d'avance qu'il ne vous parlera ni de madame Veto, ni de l'Autrichienne, et ce n'est certes pas nous qui le blâmerons d'avoir, comme Lamartine en pareil propos, élevé l'histoire à la hauteur du roman lorsque tant d'autres l'ont abaissée jusqu'au pamphlet. Remarquons, en outre, qu'il ne fait pas de concession, et que son républicanisme très démonstratif n'y perd pas une seule occasion de montrer le bout de son plumet.

Dumas était l'homme des épanchements; ses convictions politiques, non plus que ses amitiés ou que ses haines (quand il en avait), n'allaient point sans quelque tapage. Rien d'amusant comme de lire les chapitres de ses *Mémoires* consacrés aux journées de Juillet. « Ceux qui ont fait la révolution, ce sont ceux que j'ai vus à l'œuvre et qui, sur les barricades, m'y ont vu. » Il est le boute-en-train universel; à l'envahissement du Musée d'artillerie, à l'attaque du Louvre, à l'Estrapade, on le reconnaît à son panache ! Sauvant ici l'armure de François Ier et l'arquebuse de Charles IX, pour qui son romantisme de la veille a déjà des entrailles; — plus loin, affrontant les balles, mieux encore, la mitraille : « Un coup de canon pour moi tout seul ! » Que de gaieté, de verve, de piaffe, quel joyeux mélange de bravoure et de gasconnade ! Michelet, parlant de l'impératrice Marie-Thérèse, s'écrie : « Elle avait le ventre plein de tyrans. » Comment, aux faits et gestes de ce tranche-montagne et de ce preneur de barricades, ne pas deviner toute cette lignée de d'Artagnan, de Coconnas et de Porthos dont il est plein? Et notez bien que ce n'est pas seulement don Rodrigue, c'est aussi Gargantua et Grandgousier : toute l'épopée, toute la lyre !

« Je mourais de faim et surtout de soif : on alla me chercher une bouteille de vin de Bordeaux que j'avalai presque d'un seul coup; on m'apporta une immense jatte de chocolat que je dévorai! »

La nature a ses besoins impérieux, et, quand on vient de renverser un trône et d'essuyer à soi tout seul des canonnades, il faut bien se refaire un peu! Dumas, comme du reste la plupart des romantiques, eut le travers de mettre constamment le théâtre dans la vie. Nous le vîmes plus tard partir en guerre avec les Chemises Rouges pour la conquête du royaume de Naples et jouer autour de Garibaldi le rôle de la mouche du coche.

XIX

Dumas et Garibaldi. — Les velléités politiques

I

L'illustre condottiere, en arrivant à Naples, le nomma surintendant des beaux-arts et l'établit, aux frais de la municipalité, à Chiatamone, dans un charmant *palazzetto* sur le bord de la mer. Cependant la bonne harmonie fut de courte durée; Dumas devenait encombrant. Il prenait des mesures de salut public, forçait la porte du conseil de guerre pour signifier à Garibaldi les volontés du peuple. *Il popolo se riccalda!* s'écriait-il en montrant, par la porte entre-bâillée, sa bonne grosse figure effarée. — A quoi le chef des Mille répondait agacé : *Che se riccalda!* autrement dit : « Allez au diable ! »

D'ailleurs, n'était-ce pas le temps où presque tous les romantiques prétendaient se mêler aux affaires, sans trop d'éclat, avouons-le? Vitet n'y fut jamais que des faubourgs, dirait Saint-Simon. Mérimée, à vouloir jouer les utilités de cour, perdit ce fameux droit à l'ironie qu'il lui plaisait de s'arroger un peu partout; Hugo, à cheval sur la cloche de Quasimodo, n'a jamais que pontifié au-dessus des abîmes. Lamartine est le seul qui ait fait honneur au métier : poète, orateur, citoyen. Celui-là fut le seul grand homme. Il est vrai qu'on n'en parle plus.

Vers 1847, la fantaisie vint à Dumas d'être député; il se présenta aux élections de Seine-et-Oise, comptant sur cette universelle influence dont il s'imaginait disposer dans le pays. Ingratitude humaine! Saint-Germain renia son hôte! On le trouva « trop immoral »! Dumas prit sa défaite en patience et c'était bien, dans l'occasion, ce qu'il pouvait faire de mieux, car onques ne se vit homme moins créé pour la politique. Tout lui manquait, l'indépendance de fortune, les loisirs, les relations sociales, l'expérience, le caractère et le tempérament d'État.

Puisque nous en sommes sur ce chapitre des brigues électorales, ne le quittons pas sans dire un mot d'une autre aventure, de ce genre également, très drolatique et dont la publicité du *Figaro* nous a valu l'aubaine. La lettre est d'un entrain charmant, et comme elle est signée d'un nom bien connu des amis de Dumas, nous la donnons sans y rien changer, en nous contentant de supprimer les éloges qui nous sont personnels :

« C'était en mai 1848, nous écrit M. du Chaffault, on s'occupait des élections législatives, j'avais vingt-trois ans, quelque argent, et j'étais à Sens, à l'hôtel, quand, à six heures du matin, sans frapper, on ouvre ma porte, et j'aperçois, en m'éveillant, un horrible grand diable devant moi!... Mon premier mouvement fut de chercher une arme...

» — Rassurez-vous, me dit en riant le fantôme noir ; je suis Alexandre Dumas. On m'assure que vous êtes un bon garçon et que vous allez me rendre un petit service.

» Je n'avais jamais vu Alexandre Dumas qu'en lithographie, mais je le reconnus aussitôt.

» — Vous m'avez fièrement amusé bien souvent, lui dis-je ; mais je vous avoue que vous m'avez fait peur. Que, diantre, voulez-vous à cette heure ?

» — J'ai couché ici, j'y suis arrivé à minuit et je repars pour Joigny, où j'ai une réunion électorale. Je veux être député de votre département.

» Je me lève aussitôt. Alexandre Dumas me tend mon pantalon, et, quand j'arrive à mes souliers, il me dit :

» — A propos, je venais vous demander une paire de bottes : en montant sur le marchepied de ma voiture, une des miennes a crevé, et il n'y a pas de magasin d'ouvert.

» — Vous vous moquez de moi ! je suis un nain,

vous êtes un géant, jamais vous n'entreriez dans mes bottes !

» Sans en écouter davantage, il avise, sous une armoire, trois ou quatre paires de bottes... prend la meilleure, les chausse... Elles étaient un peu trop grandes (Alexandre Dumas avait un pied de femme) ; et il me laisse les siennes — parfaitement usées du reste. Je les possède encore, elles sont dans ma bibliothèque, et je les montre aux visiteurs comme le mille et unième volume d'Alexandre Dumas.

» Lorsqu'il fut entré dans mes bottes, nous étions amis comme s'il y avait dix ans que nous nous connussions ; je ne sais même s'il ne me tutoyait pas.

» — A Joigny ! je connais beaucoup de monde.

» — Très bien, je vous emmène.

» Pensant n'aller qu'à Joigny, et d'ailleurs voituré en poste aux frais de mon nouvel ami, je mets dans ma poche cinq ou six cents francs.

» Nous voilà partis.

» En route, il avait partout une chronique à me raconter sur chaque château. C'était fort amusant mais d'une fantaisie extraordinaire ; un feu roulant de légendes et d'esprit, si bien que le premier relai de trois heures me parut n'avoir duré qu'un moment. A ce premier relai, ce fut son secrétaire qui paya. Mais, arrivés au deuxième, à Villevailles, il me dit nonchalamment :

» — Avez-vous vingt francs de monnaie ?

» Je m'empresse de les donner et je note sur mon carnet : « Alexandre Dumas, 20 francs. » Peine bien inutile, comme je ne tardai pas à m'en apercevoir.

» A Joigny, il nous quitte sans s'inquiéter de rien. Le postillon s'adresse à moi, je paye encore et je continue à prendre note, toujours naïf ! « Alexan-
» dre Dumas, 30 francs. »

» La réunion était pour quatre heures dans la salle du théâtre de Joigny.

» On continue de s'adresser à moi : tant pour l'éclairage, tant pour la location de la salle. Je paye, et me dispense de plus rien inscrire, me disant : « Quand mes six cents francs y auront passé, ma tournée sera finie et je rentrerai à Sens. » Ce n'a pas été long, Dumas ayant invité, à mes frais, pour le soir même, à dîner *Au duc de Bourgogne*, tout ce qu'il rencontrait sur son chemin. N'importe, je ne m'en plaignis pas, et je ne regrette qu'une chose : n'avoir pas eu, ce jour-là, le bon esprit d'avoir dix mille francs dans ma poche pour allonger d'une semaine ou deux ce voyage impayable.

» Nous voilà à la réunion électorale. Ce fut, au début, un *tolle* d'injures où se distingua un monsieur de Bonnetière, criant par-dessus les toits :

« — Vous vous dites républicain, et vous vous faites appeler le marquis de la Pailleterie, et vous avez été secrétaire du duc d'Orléans.

» A quoi Dumas répondit, sur un ton de verve et d'audace que je ne saurais reproduire.

» — Oui, sans doute, je me suis appelé marquis de la Pailleterie, du nom de mon père, dont j'étais fier, n'ayant alors aucune gloire personnelle à m'attribuer. Mais, aujourd'hui que je suis quelqu'un, je m'appelle Alexandre Dumas tout court, et le monde entier me connaît, vous le premier, qui venez ici, obscur que vous êtes, pour me voir et vous vanter demain, après vos insultes, d'avoir connu le grand Dumas. Si telle était votre ambition, vous auriez pu la satisfaire sans manquer à tous les devoirs d'un homme comme il faut !

» Ce fut alors un tonnerre d'applaudissements. Puis il ajouta :

» — Certainement j'ai été secrétaire du duc d'Orléans et j'ai même reçu toute sorte de bienfaits de sa famille. Si vous ignorez, vous, citoyen, ce que c'est que la mémoire du cœur, laissez-moi proclamer ici bien haut qu'elle ne me manque pas et que je garde à cette royale famille tout le dévouement d'un honnête homme.

» Succès d'enthousiasme. On arrive à la profession de foi. Il va sans dire que, sur ce chapitre, Dumas, à cette époque si agitée et si confuse de 48, ne pouvait réussir à plaire à tout le monde. Il s'en tira pourtant en orateur, et même en politique à longue vue ; car, passant en revue l'état de l'Europe, voici, en propres termes, ce qu'il dit de la Prusse :

» — Géographiquement, la Prusse a la forme du serpent et, comme lui, elle semble dormir et se recueillir pour avaler tout ce qui se trouve autour d'elle : le Danemark, la Hollande et la Belgique, et, quand elle aura tout englouti, vous verrez que l'Autriche y passera, et peut-être, hélas ! aussi la France.

» Ce discours déplut à l'auditoire ; il fut sifflé à outrance. On resta là, néanmoins, à l'écouter jusqu'à minuit.

» Au sortir de la réunion, nous descendions par les quais, quand, derrière nous, deux ou trois hommes du port se rapprochèrent, déblatérant à haute voix contre Alexandre Dumas.

» Nous causions, lui et moi ; il se retourne, en saisit un, le plus grand, le porte, comme il eût fait d'une botte de paille, sur le parapet du pont et lui crie :

» — Demande grâce ou je te flanque à l'eau !

» Le citoyen épeuré s'excuse sans que les autres aient osé venir à son aide, et Dumas le lâche en lui disant :

» — J'ai tenu à te prouver que mes mains d'aristo valaient bien les tiennes. Et maintenant allez au diable, toi et tes compagnons d'ivrognerie !

» La leçon fut si spontanée et si rude, que la foule, émerveillée, nous fit une escorte d'honneur jusqu'à l'hôtel.

» Néanmoins, la défaite électorale était certaine,

ma bourse était vide, et, le lendemain matin, je rentrai seul à Sens, le cœur plein de joie d'avoir vu et entendu un homme de génie, que j'appellerai en même temps l'homme le plus riche du monde, puisqu'il n'eut jamais souci de payer nulle part et n'avait point à s'occuper d'argent. Trois mois après, je reçus d'un imprimeur une traite de cent francs pour bulletins électoraux, que naturellement j'étais incapable d'avoir commandés et que je soldai gaiement comme le reste. Je conserve encore cette traite, qui me rappelle les deux jours féeriques passés avec Monte-Cristo. »

Et notre aimable correspondant termine sa lettre par ces mots qui nous montrent une fois de plus ce brave cœur :

« J'ai connu plus tard dans l'intimité Alexandre Dumas, lorsqu'il demeurait rue d'Amsterdam. Un jour, comme nous causions ensemble dans son cabinet, on lui annonce un pauvre diable d'homme de lettres italien ; il le reçoit en ma présence et, après avoir écouté ses doléances :

» — Mon cher, lui dit-il, je ne suis pas plus riche que vous, je n'ai rien, mais je n'ai jamais consenti à renvoyer, les mains nettes, un homme dans le besoin ; décrochez un de ces deux pistolets qui sont à la cheminée, allez le vendre, et laissez-moi l'autre pour la première infortune que le bon Dieu m'enverra à soulager. »

11

Artiste, c'était son droit d'envisager la politique en artiste, comme il envisageait d'ailleurs toutes les choses de ce monde. On peut, en fait d'architecture, n'avoir jamais construit que des châteaux en Espagne, et se rendre judicieusement compte des périls qui menacent un édifice. Incapable et gênant dans l'action, Dumas n'était point sans posséder une lueur de cette seconde vue qu'à défaut du sens pratique les poètes ont souvent.

Quant aux hypothèses, nous savons qu'elles ne lui coûtaient rien.

— Tous ces préparatifs pour prendre Naples ! disait-il à Garibaldi. Mais, mon cher, vous n'y pensez pas. Faites comme le duc de Guise, ce n'est point avec de gros bataillons, c'est avec douze hommes qu'on prend Naples !

Chez nous, en France, Dumas eut contre lui son intarissable joyeuseté, qui, en revanche, lui devenait un avantage aux heureux pays du soleil et de l'opéra-bouffe. Là, il put être stratégiste, financier, et cuisinier tout à son aise.

Bien avant les événements, il avait deviné dans Garibaldi une de ces forces de la nature, dont lui-même il faisait partie, et l'avait si haut dénoncée à ses alentours, qu'un de nos agents consulaires en Italie crut devoir appeler l'attention du gouvernement sur le futur chef de bande, alors ignoré. M. Drouin de Lhuys, ministre des affaires étrangères à cette époque, désira savoir d'où venait cet horoscope ; il fit écrire à l'agent en question, et, quand celui-ci eut déclaré que c'était de M. Alexandre Dumas, on lui manda très vertement d'avoir à cesser cette plaisanterie et de tâcher dorénavant d'utiliser ailleurs que dans ses dépêches ses conversations avec un romancier.

III

Qu'il y ait eu bien de l'agitation, de la jactance et de l'intempérance, au moins doit-on reconnaître qu'il n'y eut jamais calculs de fortune ou d'ambition. D'autres ont su profiter des circonstances pour être pairs de France et sénateurs; Dumas s'est toujours tenu à l'écart des emplois et des honneurs. S'il aimait les états-majors, les grands sabres et la sabretache, c'était à la manière des enfants et pendant la récréation ; l'heure sonnée, il rentrait en classe, et sa popularité, qui fut énorme, eut cet avantage de n'avoir jamais rien demandé à la politique : lui-même s'en faisait gloire, revendiquant partout sa qualité d'homme de lettres. Il est vrai qu'il a toujours grand soin de se classer au premier rang, entre Lamartine et Victor Hugo : prétention au demeurant fort admissible, et qu'il vous débite sans gêne en riant de son bon rire épanoui.

— Eh bien, voulez-vous que je vous dise, là, vrai, franchement, sur ma parole d'honneur, comme je le pense, la part que Dieu a départie à chacun de nous? Lamartine est un rêveur, Hugo est un penseur; moi, je suis un vulgarisateur.

A l'en croire, ce qu'il y a de trop *subtil* dans le rêve de l'un :

« Subtilité qui empêche parfois qu'on ne l'approuve; »

Ce qu'il y a de trop *profond* dans la pensée de l'autre :

« Profondeur qui empêche parfois qu'on ne la comprenne; »

Il s'en empare, lui, vulgarisateur :

« Je donne un corps au rêve de l'un, je donne de la clarté à la pensée de l'autre et je sers au public ce double mets, qui, de la main du premier, l'eût mal nourri, comme trop léger, et, de la main du second, lui eût causé une indigestion, comme trop lourd, mais qui, assaisonné et présenté de la mienne, va à peu près à tous les estomacs, aux plus faibles comme aux plus robustes. »

C'est parler d'or; — seulement, c'est de la pure fantaisie. La subtilité de Lamartine, la profondeur d'Hugo, quelles chimères! Lamartine peut être nuageux, vaporeux, langoureux, aqueux, tout ce que l'on voudra, il n'est jamais subtil; pas plus que Victor Hugo n'est profond, — et Dumas lui-même se méconnaît en s'attribuant une fonction fort au-dessous de ses talents. Dumas, cette fois, est trop modeste; il a fait beaucoup mieux que vulgariser l'œuvre de Lamartine et d'Hugo, il a fait œuvre très personnelle de poète dramatique, de conteur et d'écrivain.

IV

Ses romans conservent encore aujourd'hui bien de l'agrément. Si les défauts abondent, si quelque satiété vous prend à la longue, si vous boudez à ces éternelles histoires de galanterie et de travaux d'Hercule, où le chevaleresque et le pittoresque du moyen âge s'amalgament à toute sorte de réminiscences des bals de l'Opéra; si vos scrupules et vos délicatesses d'artiste régimbent contre cette incontinence de plume; si votre sens moral s'irrite à voir qu'un duel heureux rachète tout et qu'on peut être impunément un coquin fieffé pourvu que l'on sache appliquer ou recevoir galamment un coup d'épée, il n'en demeure pas moins vrai que la plupart de ces histoires vous passionnent et que, bon gré mal gré, vous céderez à l'intérêt de ces récits. Il vous enjôle à son affaire sans presque jamais prendre la parole ; ses personnages parlent pour lui et l'action se déroule dans un dialogue ininterrompu. Mérimée se jette tout de suite *in medias res* ; Dumas, point, il ne s'élance pas, il s'achemine. Nous savons qu'il soutiendra tout le contraire pour se différencier de Walter Scott, dont c'est la théorie. Il nous dira : « Voyez mes premiers actes, le prologue de *Caligula*, le premier acte de *Mademoiselle de Belle-Isle*. » Mais *Caligula* est un drame, *Mademoiselle de Belle-Isle* une comédie, et le point de vue du théâtre n'est pas le même que celui du roman. D'ailleurs, je me défie toujours d'un auteur commentant ses propres œuvres, attendu qu'on n'est pas toujours maître de se servir ou de ne pas se servir d'un procédé, et que souvent c'est le procédé qui se sert de nous. Même habitude dans son style : d'où sa remarquable clarté ; jamais de réticence, il abusera plutôt de la répétition.

« Il y a une chose que je ne sais pas faire, c'est un livre ou un drame sur des localités que je n'ai pas vues. Pour faire *Christine*, j'ai été à Fontainebleau ; pour faire *Henri III*, j'ai été à Blois ; pour faire *les Mousquetaires*, j'ai été à Boulogne, à Béthune ; pour faire *Monte-Cristo*, je suis retourné aux Catalans et au Château-d'If, etc., etc. »

Les malins affirment que ses formules d'accumulation lui venaient d'un parti pris d'allonger la copie, et, comme on dit, de tirer à la ligne. On peut l'admettre, quoique, chez un écrivain de sa race, la force du tempérament finisse toujours par l'emporter sur les petits calculs de la volonté. Dumas emploie le paragraphe parce que le paragraphe est dans sa nature, et qu'il l'aide singulièrement à réaliser certains effets de gradation dramatique où son génie excelle. Voulez-vous avoir une idée de cette poétique, ouvrez dans Walter Scott le poème de *la Dame du Lac* et relisez l'introduction, une merveille de mise en scène : le lac Katrine et son paysage, le jour va poindre, silence et mystère partout, nul être humain. Sous la feuillée, un cerf qui se désaltère. Tout à coup, il dresse l'oreille, un bruit lointain de cor; effaré, il bondit, part comme un trait. La rumeur grandit et se déchaîne. Patience ! Nous n'avons encore que la chasse, mais de cette chasse sortira la guerre contre le roi d'Écosse : après le vacarme de la forêt, le branle-bas des peuples et, comme protagoniste et facteur à ce tremblement général, un cerf qui passe et va se désaltérant dans une eau claire.

Dumas aime ces *crescendo*. Un gentilhomme qui tient son cheval par la bride et cherche à s'orienter : ainsi débutent volontiers ses romans. Le jeune gentilhomme retrouve son chemin, qui le ramène droit au château de ses pères, et voilà l'affaire engagée. « Il arrive à l'hôtel de ville vers les trois heures

et demie ; — disons l'histoire de l'hôtel de ville. »
On comprend le mécanisme du procédé et tout ce
qu'il peut rendre sous la main de l'ouvrier qui nous
occupe. Quant au style proprement dit, à cette chose
alors et depuis si précieusement élaborée, Dumas
n'y apporte aucune intention systématique.

Il écrit d'un ton aisé, sans parti pris, n'approfondit pas, se contentant, en histoire, d'une première lecture, et dans ses voyages, d'une impression ;
ce qui ne l'empêche pas de se connaître aux artifices du métier et de parler du style des autres avec
compétence, comme dans ce passage sur Gautier :
« Un critique ! Allons donc, Gautier, l'Orcagna de
l'hémistiche, le Ghirlandajo de la phrase, le Benvenuto Cellini de la période : c'est comme si vous me
disiez que le sculpteur du tabernacle de Saint-Georges, que l'émailleur des aiguières de Laurent
de Médicis, que le ciseleur des surtouts de François Ier étaient des critiques. C'étaient des artistes,
de beaux et bons artistes qui avaient boutique sur
le *Ponte-Vecchio*, échafaudage sur la place du Grand-Duc, atelier au Louvre et à Fontainebleau. Eh
bien, Gautier, si vous voulez, a boutique d'orfèvre,
échafaudage de peintre, atelier de sculpture ; mais,
à coup sûr, il ne tient pas magasin de blâmes et
d'éloges. — D'ailleurs, que critique Gautier ? Les
pièces de théâtre ? Il avoue lui-même qu'il n'y entend rien ! Il y a plus, il le prouve quand il en fait.
Gautier fait autant de cas — au théâtre bien entendu

— de Bouchardy que de Victor Hugo, de mademoiselle Ozy que de mademoiselle Mars. Chargez Gautier de rendre compte d'une tragédie d'Hugo, d'une comédie de moi, ou d'une bague de Froment Meurice, il ne trouvera pas six colonnes à dire sur la tragédie, le drame ou la comédie ; il trouvera un volume sur la bague. »

XX

Le style de Dumas : son procédé, le même que celui de Walter Scott. — Sa conception historique des grandes figures de la Révolution. — La Reine. — Madame Élisabeth. — Charlotte Corday. — Balsamo et M. Ledru. — Dumas et Lamartine historiens. — Une lettre de Thackeray.

I

Le style de Dumas est un de ces styles qui se prêtent à tous les sujets. Je ne lui connais qu'un défaut, il manque de conviction et vous tient presque toujours sur le qui-vive. On n'y sent pas la sincérité qui vous persuade ; mais, en dehors de cette critique, d'ailleurs fort grave quand il s'agit d'un écrivain que l'histoire passionne, ce style a, selon moi, tous les mérites ; il est propre à la narration, à la discussion, à la conversation surtout.

On n'a jamais causé de ce train-là, de cet esprit, de cette verve, de ce naturel, ni au théâtre, ni dans un livre. Ému quand il le faut, pittoresque sans parenthèses descriptives, railleur, gausseur avec des périodes lamartiniennes et des labyrinthes pleins d'éclats de rire et de chants d'oiseaux.

J'ai déjà loué son talent à nous peindre la Renaissance, sa compréhension de notre xviii° siècle rococo me semble encore plus étonnante. Toute période de rénovation sociale amène avec elle ses thaumaturges et ses charlatans. On en voyait au Palatin sous les derniers Césars, comme on en voyait à Trianon sous Marie-Antoinette, ou chez le cardinal de Rohan dans son archevêché. Nos facultés intellectuelles se tenant toutes, beaucoup de raisonnement aura pour conséquence un grand mouvement du côté de l'imagination. Des expériences physiques et chimiques, des illusions d'optique, de l'hypnotisme au surnaturel, il n'y a qu'un pas. Alors naissent les Swedenborg, les Mesmer, les Cagliostro, les Cazotte, prophètes, visionnaires, jongleurs et bateleurs en quête de la pierre philosophale, opérant leurs guérisons miraculeuses, ressuscitant les morts, et n'en vivant pas moins en parfaite communauté d'esprit avec leur temps.

Jamais la franc-maçonnerie n'exerça plus d'influence et sur la politique et sur les lettres que dans cet âge d'or du rococo. Par elle, nous sont venus le déisme britannique, le système de la nature de Newton, la métaphysique de Locke. Également sont à l'ordre du jour, les sciences occultes, la magie blanche et la magie noire, la cabale. Plus on approche des réalités terribles de la Révolution, plus l'illuminisme étend son règne ; il n'est question que d'histoires de revenants; on tient registre quotidien de ses pressentiments et de ses songes ; on croit aux élixirs de vie, à l'eau de Jouvence, aux diamants du comte de Saint-Germain. Que ces diamants soient vrais ou faux, peu importe ; ce qu'il y a de certain, c'est que le mystificateur s'imposait à la crédulité publique.

Eh bien, Dumas a mis tout cela dans son *Balsamo*. Lisez la série intitulée : *Mémoires d'un médecin*, vous y trouverez ce côté si curieux de la vie du siècle, saisi et raconté, comme dans ses romans sur la Renaissance est racontée la tragi-comédie des Guise et des Valois ; et notez que cette divination des traits caractéristiques, vous la rencontrerez partout, jusque dans les coins les plus ignorés de son œuvre. Prenez un volume au hasard dans ce pandémonium littéraire, vous pouvez être sûr d'avance que cet ouvrage, quel qu'il soit, vous fera passer une heure agréable et même que vous en retirerez quelque instruction. Un jour que Dumas revenait de déjeuner chez un ministre, comme on lui demandait des nouvelles de sa matinée : « Sans moi, répondit-il, je m'y serais fort ennuyé. » Le moyen, avec un pareil fond, de manquer jamais de sujets d'observation et de composition? Il n'y avait qu'à se laisser aller; le pont d'une embarcation, une voiture de place, une flânerie par la campagne, lui fournissent aussitôt l'action et les personnages [1].

Un matin, traversant Fontenay-aux-Roses pour se rendre à une partie de chasse, il se heurte contre un rassemblement dans la grande rue ; c'est un carrier de Montrouge qui vient d'assassiner sa femme et qui, par épouvante d'un fait surnaturel, plus que par remords de son crime, au lieu de chercher à se sauver, accourt se dénoncer à la justice.

« — Croyez-vous, monsieur Ledru, demanda Jaquemin à demi-voix, croyez-vous qu'une tête puisse parler, une fois séparée du corps ? »

A cette question bizarre, posée au maire de la commune par un misérable tout couvert de sang, Dumas, vous le pensez, dresse l'oreille. Le commissaire de police ordonne la confrontation ; Dumas, comme témoin, signe au procès-verbal, et M. Ledru, qui joint à ses fonctions de maire de village la qualité de propriétaire d'une maison ayant appartenu à Scarron, s'empresse d'inviter à dîner chez lui le jeune et brillant auteur d'*Henri III* et de *Christine*.

« — Je n'admets pas d'excuses ; vous tombez sur un jeudi, tant pis pour vous ! le jeudi, c'est mon jour. Après le dîner, vous serez libre de rester ou de partir.

» — Commençons par voir la maison ; vous m'a-

[1]. Voir *le Speronare*, *le Cocher de Cabriolet*, *les Mille et un Fantômes*.

vez dit, je crois, Monsieur, qu'elle avait appartenu à Scarron ?

» — Oui, c'est ici que la future épouse de Louis XIV, en attendant qu'elle amusât l'homme inamusable, soignait le pauvre cul-de-jatte, son premier mari. Vous verrez sa chambre.

» — A madame de Maintenon ?

» — Non, à madame Scarron. La chambre de madame de Maintenon est à Versailles ou à Saint-Cyr. Venez. »

On monte au premier étage puis, après en avoir admiré les diverses curiosités; — entre autres, une carte du Tendre (aller et retour) tracée par Scarron et annotée de la main de sa femme, on redescend au salon.

« M. Ledru alla droit à son bureau et ouvrit un immense tiroir dans lequel se trouvait une foule de petits paquets semblables à des paquets de graines. Les objets que renfermait ce tiroir étaient renfermés eux-mêmes dans des papiers étiquetés.

» — Tenez, me dit-il, voilà encore pour vous, l'homme historique, quelque chose de plus curieux que la carte du Tendre. C'est une collection de reliques, non pas de saints, mais de rois.

» En effet, chaque papier enveloppait un os, des cheveux ou de la barbe. Il y avait une rotule de Charles IX, le pouce de François Ier, un fragment du crâne de Louis XIV, une côte de Henri II, une vertèbre de Louis XV, de la barbe de Henri IV et des cheveux de Louis XIII. Chaque roi avait fourni son échantillon, et, de tous ces os, on eût pu recomposer à peu de chose près un squelette qui cût parfaitement représenté celui de la monarchie française, auquel depuis longtemps manquent les ossements principaux. D'où venait cet ossuaire ? M. Ledru avait présidé à l'exhumation des rois à Saint-Denis et il avait pris dans chaque tombeau ce qui lui avait plu.

» — Mais c'est assez nous occuper des morts, passons aux vivants. »

Alors s'ouvre devant nous une galerie de bonshommes d'Hoffmann, qui, sous les noms de M. Albrette, de l'abbé Moulle, du docteur Robert, de la Dame voilée, vont aider notre maître conteur dans la thèse moitié historique et moitié philosophique qu'il se propose. Car, pour peu que vous soyez physionomiste, — à la pâleur de M. Ledru, à son exclamation au moment où l'assassin des carrières de Montrouge lui demande effaré : « Croyez-vous qu'une tête puisse parler ? » vous avez déjà deviné que « tout ceci cache un mystère ». En effet, ce M. Ledru n'est pas simplement M. Ledru ; il est le fils du fameux Comus, physicien du roi Louis XVI et de la reine Marie-Antoinette, savant distingué de l'école de Volta, de Galvani, de Mesmer, et que son surnom burlesque a fait classer parmi les vulgaires escamoteurs.

Initié de bonne heure aux sciences physiques et magnétiques, M. Ledru a longtemps étudié ce problème de savoir si le sentiment était ou n'était pas entièrement détruit par le supplice. Il a lu les *Éléments de Physique* de Haller, les dissertations de Sommering, les protestations d'Œllher, les procès-verbaux du docteur Sue, et poursuivi son enquête sur la place de la Révolution, en 93.

Rien d'étonnant à ce que l'on en cause après dîner dans son salon, un vrai salon de récits et de légendes, grand, sombre, grâce aux rideaux épais et au jour qui s'en allait mourant, dont les angles étaient déjà en pleine obscurité, tandis que les lignes qui correspondaient aux portes et aux fenêtres conservaient un reste de lumière.

« — Si le siège de la faculté de sentir est dans le cerveau, aussi longtemps que le cerveau conserve sa force vitale le supplicié a le sentiment de son existence.

» — Des preuves ?

» — Voici Sommering ; ses œuvres sont là, et vous pouvez chercher. Sommering dit : Plusieurs docteurs, mes confrères, m'ont assuré avoir vu une tête séparée du corps grincer des dents de douleur, et, moi, je suis convaincu que si l'air circulait encore par les organes de la voix, *les têtes parleraient*.

» — Eh bien, docteur, continua M. Ledru, en pâlissant, je suis plus avancé que Sommering : une tête m'a parlé, à moi... »

Comme cette histoire est celle de M. Ledru et rappelle d'ailleurs par maint endroit *le Chevalier de Maison-Rouge*, nous laissons au lecteur la liberté d'y aller voir dans *les Mille et un Fantômes* où elle figure sous le titre d'*Albert et Solange* ; mais ce qui n'est point du tout un roman, c'est le récit de la mort de Charlotte Corday, qui se mêle à cette aventure plus ou moins fantastique. Lié d'amitié avec Danton et Camille Desmoulins, le fils du prestidigitateur Comus avait également connu Marat, comme médecin et peut-être aussi comme ami, bien qu'il s'en défendît ; enfin, il l'avait connu. Il résulta de cette relation que, le jour où l'on conduisit mademoiselle de Corday à l'échafaud, il résolut d'assister à son supplice, et Dumas évoquant à ce propos le fait du soufflet consigné par l'histoire :

« — Nous y arrivons, interrompit M. Ledru ; laissez-moi dire, j'étais témoin ; par conséquent, à ce que je dirai, vous pourrez croire. Dès deux heures de l'après-midi, j'avais pris mon poste près de la statue de la Liberté. C'était par une chaude matinée de juillet ; le temps était lourd, le ciel était couvert et promettait un orage.

» A quatre heures, l'orage éclata ; ce fut à ce moment-là même, à ce que l'on dit, que Charlotte monta sur la charrette.

» On l'avait été prendre dans sa prison, au moment où un jeune peintre était occupé à faire son portrait. La mort jalouse semblait vouloir que rien ne survécût de la jeune fille, pas même son image.

» La tête était ébauchée sur la toile et — chose étrange ! — au moment où le bourreau entra, le peintre en était à cet endroit du cou que le fer de la guillotine allait trancher.

» Les éclairs brillaient, la pluie tombait, le tonnerre grondait ; mais rien n'avait pu disperser la populace curieuse. Les quais, les ponts, les places, étaient encombrés ; les rumeurs de la terre couvraient presque les rumeurs du ciel. Les femmes, que l'on appelait du nom énergique de lécheuses de guillotine, la poursuivaient de malédictions. J'entendais ces rugissements venir à moi comme on entend ceux d'une cataracte : longtemps avant que l'on pût rien apercevoir, la foule ondula ; enfin, comme un navire fatal, la charrette apparut, labourant le flot, et je pus distinguer la condamnée, que je ne connaissais pas, que je n'avais jamais vue.

» C'était une belle jeune fille de vingt-sept ans, avec des yeux magnifiques, un nez d'un dessin parfait, des lèvres d'une régularité suprême. Elle se tenait debout, la tête levée, moins pour paraître dominer cette foule que parce que ses mains liées derrière le dos la forçaient de tenir sa tête ainsi. La pluie avait cessé ; mais, comme elle avait supporté la pluie pendant les trois quarts d'heure du chemin, l'eau qui avait coulé sur elle dessinait sur la laine humide les contours de son corps charmant ; on eût dit qu'elle sortait du bain. La chemise rouge dont l'avait revêtue le bourreau donnait un aspect étrange, une splendeur sinistre à cette tête si fière et si énergique. Au moment où elle arrivait sur la place, la pluie cessa, et un rayon de soleil, glissant entre deux nuages, vint se jouer dans ses cheveux, qu'il fit rayonner comme une auréole. En vérité, je vous le jure, quoiqu'il y eût derrière cette jeune fille un meurtre, action terrible même lorsqu'elle venge l'humanité, quoique je détestasse ce meurtre, je n'aurais su dire si ce que je voyais était une apothéose ou un supplice. En apercevant l'échafaud, elle pâlit ; et cette pâleur fut sensible surtout à cause de la chemise rouge qui montait jusqu'à son cou ; mais presque aussitôt elle fit un effort et acheva de se tourner vers l'échafaud qu'elle regarda en souriant.

» La charrette s'arrêta : Charlotte sauta à terre sans vouloir permettre qu'on l'aidât à descendre ; puis elle monta les marches de l'échafaud, rendues glissantes par la pluie qui venait de tomber ; aussi vite que le lui permettait la longueur de sa chemise traînante et la gêne de ses mains liées. En sentant la main de l'exécuteur se poser sur son épaule pour arracher le mouchoir qui couvrait son cou, elle pâlit une seconde fois ; mais, à l'instant même, un dernier sourire vint démentir cette pâleur, et, d'elle-même, sans qu'on l'attachât à l'infâme bascule, dans un élan sublime et presque joyeux, elle passa sa tête par la hideuse ouverture. Le couperet glissa, la tête détachée du tronc tomba sur la plate-forme et rebondit. Ce fut alors, — écoutez bien ceci, docteur ! écoutez bien ceci, poëte ! — ce fut alors qu'un des valets du bourreau, nommé Legros, saisit cette tête par les cheveux et, par une vile adulation à la multitude, lui donna un soufflet. Eh bien, je vous dis qu'à ce soufflet la tête rougit ; je l'ai vue, la tête, non pas la joue, entendez-vous bien ? non pas la joue touchée seulement, mais les deux joues, et cela d'une rougeur égale, car le sentiment vivait dans cette tête, et elle s'indignait d'avoir souffert une honte qui n'était point portée à l'arrêt.

» Le peuple aussi vit cette rougeur, et il prit le parti de la morte contre le vivant, de la suppliciée contre le bourreau.

» Il demanda, séance tenante, vengeance de cette indignité, et séance tenante, le misérable fut remis aux gendarmes et conduit en prison.

» — Attendez, dit M. Ledru, qui vit que le docteur allait parler, attendez, ce n'est pas tout.

» Je voulais savoir quel sentiment avait pu porter cet homme à l'acte infâme qu'il avait commis.

» Je m'informai du lieu où il était, je demandai une permission pour le visiter à l'Abbaye, où il avait été enfermé, je l'obtins et j'allai le voir.

» Un arrêté du tribunal révolutionnaire venait de le condamner à trois mois de prison. Il ne comprenait pas qu'il eût été condamné pour une chose si *naturelle* que celle qu'il avait faite.

» Je lui demandai ce qui avait pu le porter à cette action.

» — Tiens! dit-il, la belle question! je suis maratiste, moi! Je venais de la punir pour le compte de la loi, j'ai voulu la punir pour mon compte.

» — Mais, lui dis-je, vous n'avez donc pas compris qu'il y a presque un crime dans cette violation du respect dû à la mort!

» — Ah çà! me dit Legros en me regardant fixement, vous croyez donc qu'ils sont morts parce qu'on les a guillotinés, vous?

» — Sans doute!

» — Eh bien, on voit que vous ne regardez pas dans le panier quand ils sont là tous ensemble; que vous ne les voyez pas tordre les yeux et grincer des dents pendant cinq minutes encore après l'exécution. Nous sommes obligés de changer le panier tous les trois mois, tant ils en saccagent le fond avec les dents. C'est un tas de têtes d'aristocrates, voyez-vous, qui ne veulent pas se décider à mourir, et je ne serais pas étonné qu'un jour l'une d'elles se mît à crier : « Vive le Roi! ».

Il serait intéressant de rapprocher de ce récit la paraphrase idéaliste de Lamartine, dans l'*Histoire des Girondins*, et divers passages de Michelet et de

Carlyle: on aurait ainsi tout ce qui subsiste de remarquable sur « l'ange de l'assassinat ». Mais, en citant le morceau qu'on vient de lire, un autre soin nous a préoccupé, nous avons voulu montrer que le procédé qu'emploie Dumas, n'est autre que le procédé de Walter Scott. Il sait amuser en commençant ; mais son art ne le dispense pas de commencer par la préparation : voyez au contraire avec quelle méthode il s'achemine vers son thème principal : la conversation, chez M. Ledru, sur le terrible phénomène qu'il s'agit pour lui de dramatiser. C'est bien, en effet, l'action qui, dès le début, nous saisit au collet ; mais cette action n'est là que pour en amener une autre, la véritable. Que devient l'assassin des carrières de Montrouge ? On ne songe même pas à se le demander.

II

Dans sa manière de composer comme dans sa façon d'écrire, c'est chez Dumas le même effet d'accumulation ; il se répète en s'affirmant toujours davantage et par degré. Exemple : « Aussi Béranger jouissait-il d'une influence énorme; c'était à qui, de tous les partis, aurait Béranger. On avait offert la croix à Béranger, et Béranger avait refusé. On avait offert une pension à Béranger, et Béranger avait refusé. On avait offert l'Académie à Béranger, et Béranger avait refusé. Personne n'avait Béranger et Béranger avait tout le monde. »

Le style de Dumas s'exprime nettement, clairement. Quand il veut dire qu'il fait beau temps, il dit : « Il fait beau temps ». Quand il veut dire que la porte s'entrebâille, il dit : « La porte s'entrebâille », et ne dit pas qu'elle met une large raie blanche sur les dalles sombres. De toute cette pléiade romantique, il est certainement celui qui se manière le moins, peu original, mais en revanche point obscur.

On vous dira : « Ce ne sont plus les romans d'intrigue qui passionnent le public ; pourquoi cela ? » Probablement parce qu'on n'en sait plus faire ; la mode étant aujourd'hui de ne rien composer et de n'offrir au lecteur qu'une suite de tableaux que nul plan ne relie entre eux et dont le pittoresque du milieu ambiant forme le principal intérêt. Au théâtre, même procédure ; comment une passion naît et se développe, on juge inutile de nous le conter. C'est purement et simplement la foire aux instincts, un perpétuel *in medias res*.

Remarquez bien que je n'entends point me brouiller ici avec le naturalisme, à Dieu ne plaise : j'ai trop de goût pour les trois ou quatre brillants esprits qui représentent, parmi nous, cette manière de voir ; mais où j'admire surtout la théorie de « la méthode scientifique » qui triomphe aujourd'hui, c'est dans ses préfaces, quand elle s'imagine, par exemple, avoir inventé Diderot et prétend s'approprier Stendhal, un romantique du plus fort calibre et, d'ailleurs, chez qui le romancier disparaît sous le polygraphe. Ses études historiques, esthétiques, psychologiques, qui, bien autrement que *Rouge et Noir* et *la Chartreuse de Parme*, caractérisent sa littérature, nous le montrent tel à chaque page, et je conseille à ceux qui se donnent un si beau mal pour l'enrégimenter, de lire son livre italien intitulé : *Del romanticismo nelle Arti,* où il déclare que « la seule manière de parler au siècle présent est le style romantique, tandis que le style classique ne s'adresse qu'au passé ». La vérité est qu'ils sont eux-mêmes tous des romantiques et, la plupart du temps, très malins.

Ils le sentent, et, pour s'en excuser, regardez comme ils s'y prennent. Ils s'en vont chercher dans la boîte aux oublis certaines médiocrités dont âme qui vive ne se souvient, et, les évoquant à grand fracas, ils s'écrient d'un sang-froid sublime : « Eh bien ! voilà comment il fallait faire, nous ne le faisons pas, nous pensons à notre phrase, nous voulons plaire... Nous sommes romantiques et nous avons tort. » Et ils continuent d'écrire du mieux qu'ils peuvent dans le style de Victor Hugo, de Vigny, de Musset et du vieux Dumas.

Les romans de Dumas, comme ceux de Mérimée, ont cet avantage, qui devient de plus en plus rare, de prêter à la conversation. Ses types s'imposent à la mémoire, on en cause avant, on en cause après, on critique, on raille : ce Dumas, quel hâbleur ! quel vantard ! Mais, au demeurant, pas une femme n'en rougit. On imitait alors Walter Scott, excellent guide, dont je ne conteste pas les défauts, mais qui, du moins, n'égara personne aux carrières de l'obscénité. Dumas lui doit sa méthode historique, sinon *scientifique;* il lui doit aussi sa prolixité, et ceci me rappelle une bien amusante lettre de Thackeray publiée, en 1847, dans la Revue britannique, et que je donne comme la meilleure critique qui se puisse faire du procédé ·

« J'aime vos romans en vingt et un volumes, tout en regrettant qu'il y ait entre vos chapitres tant de pages blanches, et un si petit nombre de lettres d'imprimerie dans vos pages. J'aime enfin les continuations. Je n'ai pas passé un mot de *Monte-Cristo* et j'éprouvai un vrai bonheur, lorsqu'après avoir lu les douze volumes des *Trois Mousquetaires,* je vis M. Rolandi, l'honnête libraire qui me loue des livres, m'en apporter douze autres sous le titre de *Vingt ans après.* Puissiez-vous faire vivre jusqu'à cent vingt ans Athos, Porthos et Aramis, afin de nous gratifier de douze volumes encore de leurs aventures !

» Puisse le médecin dont vous avez entrepris les *Mémoires* en les commençant au règne de Louis XV, faire encore, par ses ordonnances, la fortune des apothicaires de la révolution de Juillet !

» Et maintenant, pourquoi ne vous empareriez-vous pas aussi des héros des autres. Ne pensez-vous pas qu'il est plus d'un roman de Walter Scott que ce romancier laisse incomplet? Le Maître de Ravenswood, par exemple, disparaît à la conclusion de *la Fiancée de Lammermoor,* c'est-à-dire qu'on trouve son chapeau sur les sables de la plage et qu'on peut le croire noyé; mais j'ai toujours eu l'idée qu'il avait nagé heureusement, et que ses aventures pourraient recommencer — dans un roman maritime, veux-je dire, — sur le vaisseau qui le recueillit à son bord. Personne ne me fera croire que les événements de la vie de Quentin Durward se soient terminés le jour où il épousa Isabelle de Croye. Les gens survivent au mariage, il me semble. Prenons-nous congé de nos amis, ou cessons-nous de nous intéresser à eux du moment qu'ils montent en voiture après le dîner ou le déjeuner de noces? Certes non. Le dénouement d'*Ivanhoe* ne me satisfait pas davantage; je suis certain que l'histoire ne peut finir là où elle s'arrête.

» J'aime trop le chevalier déshérité dont le sang s'est enflammé au soleil de Palestine et dont le cœur s'est passionné auprès de la belle Rebecca, pour supposer qu'il pût s'asseoir heureux et content à côté de cette digne et glaciale perfection de Rowena.

» Cette femme m'importune et j'en appelle à vous pour compléter ce fragment de roman laissé par Walter Scott, afin que justice soit rendue à la véritable héroïne. »

XXI

Une lettre sur la mort du duc d'Orléans. — Dumas et Rossini. — Frédérick-Lemaître et Molière. — Adolphe de Leuven — « *J'ai tué Porthos.* »

I

Dans la longue suite de considérations poétiques, philosophiques, apocalyptiques, auxquelles aimait à se livrer ce perpétuel ruminant, il s'en trouve une bien singulière sur la catastrophe du duc d'Orléans :

« Lorsque le duc d'Orléans mourut d'une façon si fatale et si inattendue, mon premier mouvement fut, non pas de maudire le hasard, mais d'interroger Dieu. Ce n'est pas sans motif qu'un prince qui s'est fait l'amour d'un peuple, qui porte dans sa main la fortune de la France, qui moule dans sa pensée l'avenir du monde, sort un matin seul dans une voiture découverte, se fait emporter par deux chevaux qui lui brisent la tête sur le pavé, et qui s'arrêtent d'eux-mêmes cent pas plus loin que l'endroit où ils l'ont tué. Non ! La Providence avait décrété que les monarchies tiraient à leur fin ; elle avait d'avance écrit, au livre de bronze du destin, la date de cette prochaine république que je prédisais au roi lui-même en 1832. Eh bien, la Providence trouvait sur sa route un obstacle à ses desseins : c'était la popularité du prince-soldat, du prince-poète, du prince-artiste ; la Providence a supprimé l'obstacle, de sorte que, le jour venu, rien ne se trouva que le vide entre le trône qui s'écroulait et la République qui allait naître. »

Autre part, il vous parlera simplement de lui-même et vous livrera telle prédisposition ayant trait à sa vocation théâtrale.

« Je suis le plus mauvais spectateur de première représentation qu'il y ait au monde. Si la pièce est d'imagination, à peine les personnages exposés, ils ne sont plus ceux de l'auteur, ils sont les miens. Dans le premier entr'acte, je les prends, je me les approprie. Au lieu de l'inconnu qui me reste à connaître dans les quatre actes, je les introduis dans quatre actes de ma composition ; je tire parti de leurs caractères, j'utilise leur originalité. Si l'entr'acte dure seulement dix minutes, c'est plus qu'il ne m'en faut pour leur bâtir le château de cartes où je les emmène. Mon château de cartes, à moi, n'est presque jamais celui de l'auteur.

» Pour les pièces historiques, c'est bien pis. J'apporte naturellement ma pièce toute faite sur le titre ; et, comme elle est naturellement faite dans mes défauts, c'est-à-dire avec abondance de détails, rigidité absolue des caractères, double, triple, quadruple intrigue, il est bien rare que ma pièce ressemble le moins du monde à celle que l'on représente. Ce qui me fait tout bonnement un supplice de ce qui, pour les autres, est un amusement! »

II

Je ne sache point que, dans sa longue circumnavigation théâtrale, Dumas ait touché plus de deux fois au pays de la musique. On n'a guère de lui que deux opéras comiques assez médiocres : le *Roman d'Elvire*, écrit par Ambroise Thomas, et *Piquillo*, livré à Monpou le compositeur juré et patenté des romantiques, une manière de Célestin Nanteuil musical.

Sans aucun doute, les portes du grand Opéra se fussent ouvertes d'elles-mêmes, mais Scribe avait conquis le terrain par de vrais chefs-d'œuvre : il y triomphait en souverain avec *Robert le Diable*, *les Huguenots*, *la Muette*, *la Juive*. C'était une raison pour que Dumas se tînt à l'écart ; il ne daignait, mais sans renoncer, et goûtant une certaine satisfaction d'amour-propre à se voir de tous côtés sollicité. Obtenir de l'auteur de *la Tour de Nesle* et de *Don Juan de Marana*, un poëme d'opéra en cinq actes, il n'était, en ce moment, compositeur illustre qui ne fît ce rêve; néanmoins, les choses n'allaient point au delà. « Quand me donnez-vous un poëme? » lui disait Meyerbeer, chaque fois qu'il le rencontrait. Et Dumas répondait en s'offrant de la meilleure grâce du monde pour le lendemain ; puis, le lendemain, Meyerbeer retournait à Scribe, et Dumas à Goubaux ou à Maquet. Il y a ainsi, dans la vie des poëtes comme dans la vie des femmes, une foule de liaisons qui auraient dû se nouer et qui ne se sont pas faites, simplement « parce que cela ne s'est pas trouvé ». Un jour que nous reprochions à Frédérick-Lemaître de n'avoir point couronné sa carrière en allant à la Comédie-Française, jouer épisodiquement Harpagon, Scapin et Mascarille :

— J'y ai souvent pensé, nous dit le grand artiste.

— Soit ! mais en vous gardant bien d'en rien faire. Pourquoi ?

— Pour deux raisons : la première est que, si j'aime Molière, je n'aime point sa maison de la rue Richelieu.

— Et l'autre motif ?

— Oh ! mon Dieu ! pure coquetterie de métier ! J'ai voulu vous laisser à tous ce regret qu'il me flatte de vous entendre exprimer, et que vous n'auriez plus si j'avais une fois joué le répertoire, fût-ce avec le plus grand éclat.

Dumas ne l'avouait pas, mais j'imagine qu'il y avait un peu de cette afféterie dans sa réserve. « Quels opéras vous nous feriez! s'écriaient tous les musiciens. — Quel dommage qu'il ne veuille pas! » soupiraient tous les directeurs. Lui, gaillard et réjoui, se pavanait à ces louanges, promettant toujours et différant, tandis que Scribe continuait de suffire à tous les besoins, car, de cet opéra modèle dont tout le monde parlait tant, de ce merveilleux chef-d'œuvre *in posse*, personne en somme ne se souciait, ni Auber, ni Meyerbeer, ni Rossini, ni Halévy. Involontairement, vous songiez à ce mot sur la duchesse du Maine, qui ne pouvait pas se passer des gens qui lui étaient indifférents. Et, si je m'en rapporte à certains scénarios dont j'eus connaissance, Dumas a fort sagement fait de lanterner, et, comme on dit, de peloter en attendant partie ; car la partie eût été probablement toute à l'avantage de Scribe.

Ceux qui seraient curieux de savoir de quoi ce fier esprit était capable de se contenter en pareille matière, n'auront qu'à lire dans *le Testament de M. Chauvelin*, un des moins estimés de ses romans, le chapitre intitulé : *Une Visite chez Rossini*.

Dumas traversant Bologne, vient serrer la main au grand maëstro, qui naturellement le retient à dîner, et ce dîner sert de prétexte à l'infatigable conteur pour se mettre tout de suite en scène comme librettiste. « Toute cette conversation m'amena à demander à Rossini pourquoi il ne faisait pas de musique ? » Rossini, de répondre par son vieux refrain ordinaire : « Je suis trop paresseux. Sur quoi Dumas, spontanément, propose un poème.

— Comment, vous consentiriez, vous ? lui dit alors en souriant le goüailleur compère !

Et notre d'Artagnan, sans même se douter de ce qui se cache d'ironie et de malice dans ce fin sourire.

« — Oui, certes, s'écria-t-il, moi, qui ai fait trois cents volumes et vingt-cinq drames, je consentirais à cela, parce que, *moi*, je mettrais mon amour-propre à vous aider, à vous servir, parce que, *moi*, qui tiens le haut du pavé quand je veux, je regarderais comme une honorable courtoisie de vous le céder à vous que j'aime, à vous que j'admire, à vous mon frère en art. J'ai mon royaume comme vous avez le vôtre ; si Étéocle et Polynice avaient eu chacun un trône, ils ne se seraient pas entr'égorgés, et seraient probablement morts de vieillesse en se faisant des visites tous les premiers de l'an.

» — A merveille ! je retiens votre parole.

» — Je vous la donne ; seulement, dites-moi d'avance quel genre d'opéra vous voudriez.

» — Je voudrais un opéra... fantastique ! »

Impossible de rouler son monde avec plus d'agrément, et vous croyez qu'à ces mots d'opéra *fantastique*, Dumas va perdre un peu de son aplomb ? Pas du tout ; il continue de s'emballer, si bien que

Rossini, interpellant son ami Scamozza, en train d'avaler, à l'autre bout de la table, une soupière de macaroni, l'adjure de raconter je ne sais quelle histoire de revenant à dormir debout et qui devra fournir le sujet du prochain opéra.

« C'était une plaisanterie très familière à Rossini, et, d'ailleurs, tout italienne, de faire ricocher sur quelqu'un de son entourage la question qu'il voulait éluder. A Passy, ce plastron des dernières années fut le bon et brave Carafa. Un jour qu'il s'agissait de monter *la Gazza* au Théâtre-Lyrique :

» — Reprendre cette vieillerie! s'écria Rossini ; quelle drôle d'idée! l'impresario veut donc se ruiner?

» Et comme je plaidais la circonstance atténuante en essayant de lui prouver que, grâce à deux ou trois morceaux qu'il consentirait à écrire, cette *vieillerie* serait remise à neuf pour cinquante représentations;

» — C'est vrai, reprit-il, d'un air qu'on pouvait croire le plus sérieux du monde, deux ou trois morceaux inédits, absolument inédits, et que nous ferons faire par l'ami Carafa! »

Quand on assiste à de pareilles confidences, on s'applaudit que le poète de *Charles VII* et de *Caligula* n'ait point donné suite à ses velléités de librettiste.

Décidément, mieux vaut qu'il n'ait tenté de ce côté aucun effort, laissant ainsi debout après lui, le vieux proverbe: « Quel dommage que Meyerbeer ni Rossini n'aient jamais eu à mettre en musique un poème de Dumas! »

Artiste et poète jusque dans la conversation, un mot qu'il prononce au hasard, un nom propre où se heurte sa plume, le font dévier de sa route, et, de la réalité, le jettent dans le rêve ; il mêle à ce qu'il écrit sa vie intime, entraînant avec lui tout ce qui a eu part à son passé, tout son présent, comme ferait un fleuve qui ne se contenterait pas de réfléchir les bois, les fleurs, les maisons de ses rives, mais encore qui forcerait de le suivre jusqu'à l'Océan l'image de ces maisons, de ces bois et de ces fleurs. « Aussi, ne suis-je jamais seul, tant qu'un livre de moi reste près de moi, dit-il, dans une page toute charmante d'émotion vraie — ce qui n'est point avec lui toujours le cas. — Chaque ligne me rappelle un jour écoulé, et ce jour renaît à l'instant, de son aube à son crépuscule, tout vivant des mêmes sensations qui l'ont rempli, tout peuplé des mêmes personnages qui l'ont traversé. Hélas ! le meilleur de ma vie est déjà dans mes souvenirs ; je suis comme un de ces arbres au feuillage touffu, pleins d'oiseaux muets à midi, mais qui se réveillent vers la fin de la journée, et qui, le soir venu, empliront ma vieillesse de battements d'ailes et de chants ; ils l'égayeront ainsi de leur joie, de leurs amours et de leurs rumeurs, jusqu'à ce que la mort touche à son tour l'arbre hospitalier et que l'arbre, en tombant, effarouche tous ces bruyants chanteurs, dont chacun ne sera autre chose qu'une des heures de ma vie. »

III

J'ai dit les principaux collaborateurs de Dumas; il en est un pourtant qu'il me faut classer à part, je veux dire Adolphe de Leuven. C'est presque un portrait de famille.

Ami des deux Dumas, collaborateur de l'ancien pour *les Demoiselles de Saint-Cyr*, vous ne rencontrez que son nom dans les *Mémoires*.

Adolphe de Leuven, le futur collaborateur de Scribe, le futur directeur de l'Opéra-Comique, était déjà très répandu à cette époque dans le monde littéraire et théâtral de Paris. Tout cela ne date pas d'hier; ils sont rares désormais les survivants de ces âges préhistoriques, dont ce même Leuven m'apparaissait récemment encore comme le représentant le plus solide et le plus ingambe : grand, brun, sec, aux cheveux noirs coupés en brosse, aux yeux admirables, au nez fortement accentué, aux dents blanches, à la démarche nonchalante et aristocratique, tel était jadis Adolphe de Leuven, au temps de la jeunesse des Mousquetaires, et tel vous le rencontriez encore, il y a un an à peine.

Vous l'avez vu passer, haut de taille, point courbé, flânant pensif et solitaire; vous auriez dit un portrait de Rembrandt sorti de son cadre pour s'en aller faire un tour de boulevard. Son costume — un ample caftan de velours que surmontait un bonnet fourré de martre — donnait à sa physionomie je ne sais quoi d'étrange et de bizarre qui, d'ailleurs, n'avait rien d'affecté; les autres, ses contemporains, étaient vieux; il était, lui, archaïque, et ce silence même qui partout l'accompagnait au milieu du brouhaha parisien, vous rappelait l'homme du Nord, le fils de ce robuste et brillant Ribbing, mêlé à la tourmente suédoise où périt Gustave III, le héros du *Bal masqué* d'Auber et de Scribe.

Niez donc ensuite l'atavisme, quand de pareils contrastes se manifestent chez le fils comme chez le père; car c'était aussi un lettré, presque un poète, que ce hardi conspirateur réfugié en France, où naturellement des succès de femmes l'eurent bientôt mis à la mode. Il y occupait ses loisirs à d'intéressants travaux littéraires: le comte de Ribbing fut, chez nous, le premier à traduire Goethe; j'ai lu sur le manuscrit sa version de *Goetz de Berlichingen* : elle semble écrite sous la dictée du maître, tant le souffle immédiat y circule à l'aise. Dirai-je que, parmi ses papiers, témoignages curieux et divers, parfois même très indiscrets, d'une vie d'action, de plaisir et d'étude, figure aussi toute une correspondance superbement passionnée de madame de Staël, aujourd'hui lettre close, mais probablement destinée à faire le régal de quelque Sainte-Beuve de l'avenir.

« Deux ou trois cents lettres de madame de Staël que le comte de Ribbing reçut d'elle pendant tout le cours de la vie de l'illustre auteur de *Corinne*, prouvent que cette amitié ne fut point passagère [1]. » Ce comte Ribbing de Leuven, l'un des trois seigneurs suédois inculpés dans le meurtre de Gustave III, roi de Suède, eut pour fils le collaborateur et l'ami de Dumas, et, dans le fils comme dans le père, a persisté, selon les temps, le double instinct aristocratique et littéraire. Le Leuven que nous connaissions tous et que nous aimions n'a jamais conspiré, il n'a point tué de roi, même au théâtre, n'ayant jamais écrit de tragédie ; bien au contraire, c'est du côté de l'esprit et de la gaieté que son naturel dramatique l'a toujours porté ; il a fait *Vert-Vert, le Postillon de Lonjumeau*, et, nonobstant, règne à travers tout l'incurable mélancolie, une sombre et vague tristesse qui semble venir du loin-

---

[1]. *Mémoires*, deuxième série, page 220.

tain passé, et qu'on s'explique en songeant à certaines légendes de famille. Celle-ci, par exemple. Ce fut un ancêtre du meurtrier de Gustave III, un autre Ribbing, qui se leva en 1526 contre le tyran Christiern lequel avait fait égorger ses deux enfants; l'un avait douze ans, l'autre trois ans. Le bourreau venait de trancher la tête à l'aîné et s'emparait du second pour l'exécuter à son tour, lorsque le pauvre petit lui dit de sa douce voix : « Oh ! je t'en prie, ne salis pas ma collerette comme tu viens de faire à mon frère Axel, car maman me gronderait. » Le bourreau avait deux enfants, juste du même âge que celui-là ; ému à ces paroles, il jeta son épée et se sauva tout éperdu. Christiern envoya à sa poursuite des soldats qui le tuèrent.

IV

Longtemps portés au dedans de lui, les personnages de Dumas exerçaient ensuite du dehors une sorte d'action reflexe sur lui-même. Il vivait leur vie, endossait leurs mœurs et leurs allures, se mettait à leur ressembler : sybarite avec Aramis, batailleur avec d'Artagnan, héroïque et monumental avec Porthos; nabab, cela va sans dire, avec Monte-Cristo, dont il dépensait comme siens et monnaie courante les fantastiques millions.

Un après-midi, son fils le voyant soucieux, mécontent, battu de l'oiseau:

— Qu'est-ce qui t'arrive ? lui demande Alexandre; es-tu malade?

— Non.

— Eh bien, alors, quoi?
— J'ai du chagrin.
— Quel chagrin?
— Ce matin j'ai tué Porthos : pauvre Porthos! ce que j'ai eu de peine à m'y résoudre! Il fallait finir, et quand je l'ai vu s'affaisser sous les décombres en s'écriant : « C'est trop lourd, trop lourd pour moi! » je te jure que j'en ai pleuré.

Et, pelotonné dans sa robe de chambre, il essuyait une larme du bout de sa manche.

Si vis me flere...

N'est-ce pas tout bonnement le vers d'Horace? Ces *Mousquetaires* ont bien la fibre humaine. Ce qui perce et nous cligne de l'œil là au fond, c'est le génie de la gaieté française, vivace et remuant comme dans *Gil Blas*, et si jeune encore, qu'il semblerait que l'encre dont c'est écrit n'ait pas eu le temps de sécher. *Les Mousquetaires* resteront; c'est à côté du roman de Lesage, pas trop loin de *Don Quichotte*, que la postérité les placera.

Une autre fois, Dumas cherchant un de ces sujets à perspectives incommensurables et d'où peuvent sortir des infinités de volumes :

— Fais l'Histoire du Monde, lui dit son fils.
— J'y ai bien songé, mais je recule.
— Ta raison?
— Il n'y a que deux manières de s'y prendre : s'en tenir à la tradition biblique, qui ne date guère

que de six à sept mille ans, ce serait un peu court, et s'en référer à la science, ce serait trop long.

La science, il en divaguait à ce point de vouloir renseigner son ami Geoffroy Saint-Hilaire sur des questions d'histoire naturelle. Il eut même cette chance invraisemblable de faire avec l'illustre savant un pari qu'il gagna. C'était à propos d'une anatomie plus ou moins fantaisiste de la baleine; Dumas affirmait, imperturbable dans son hypothèse, et Geoffroy Saint-Hilaire, également imperturbable, souriait. — Le croira-t-on? il se trouva que les textes de la loi consultés, le poète eut gain de cause.

Dumas avait parié une discrétion contre une gazelle du Jardin des Plantes. Il eut sa gazelle et sa ménagerie de Monte-Cristo s'enrichit d'autant.

XXII

Isaac Laquedem. — Ce que, dans la pensée de l'auteur, devait être ce roman, épopée restée à l'état de fragment.

I

Le sujet de ses rêves, il finit pourtant par le trouver : ce fut *Isaac Laquedem*. Interrompu soudainement par la censure du second Empire, il ne nous en reste que deux volumes, un prologue, et quel prologue !

C'est encore l'éternelle histoire du Juif Errant; mais historiquement traitée et sans aucune espèce de symbolisme; rien de l'*Ahasvérus* d'Edgar Quinet, où les cathédrales discutent à leurs moments perdus sur l'immutabilité du dogme; point de mythe. Le roman s'ouvre par une de ces kermesses de l'humanité que Dumas excellait à peindre. Impétueux et large d'ailes, il allait ainsi, dans des pays et des temps désappris, chercher de nouvelles impressions de voyages qu'il écrivait, non point en mots sonores, pittoresques et chromatiques, non point en savant et vocabuliste, mais d'un style entraîné, puissant, naturel, qui n'exclut pas les mots et prend toutes ses aises.

Nous sommes dans la matinée du Jeudi-Saint de l'année 1419.

Il est d'usage que ce jour-là, le Pape lave les pieds à treize pèlerins ; douze sont déjà sur leurs sièges en attendant, le treizième est vacant, un voyageur entre et s'y assied. La cérémonie commence; à mesure que le Pape en a fini avec un pèlerin, il passe à un autre, se rapprochant du voyageur dont la pâleur augmente et dont tout le corps tressaille de mouvements convulsifs ; enfin, au moment où le Pape arrive à lui, le voyageur se précipite à ses genoux en s'écriant :

« — O saint, trois fois saint, je ne suis pas digne que vous me touchiez. »

Paul II recule presque effrayé, interroge l'inconnu, qui saisit à deux mains le bas de la robe du Saint-Père et demande d'être entendu par lui en confession. La scène qui suit est d'une grandeur incontestable.

« — Mon fils, dit Paul II d'une voix pleine de douceur et de sérénité, je vous ai promis le secours de mon intercession près du Seigneur et je vous l'apporte... Maintenant, dites-moi qui vous êtes, d'où vous venez, ce que vous demandez ?

» — Ce que je veux? Oh! je le sens bien, je veux la chose impossible : mon pardon!... D'où je viens? Puis-je vous le dire, depuis le temps que j'erre d'un bout du monde à l'autre... Je viens du Nord, je viens du Midi, je viens de l'Orient, je viens du Couchant, je viens de partout!... Qui je suis?...

» Il hésita un instant, comme si un combat terrible se livrait en lui ; puis, avec un geste et un accent désespérés :

» — Regardez! dit-il.

» Et, relevant de ses deux mains sa longue chevelure noire, il découvrit son front et fit luire aux yeux épouvantés du Souverain pontife ce signe de flamme que l'Ange de la colère céleste imprime au front des maudits. Puis, faisant un pas vers lui pour rentrer dans le cercle de lumière hors duquel il s'était réfugié :

» — Et maintenant, dit-il, me reconnaissez-vous?

» — Oh! s'écria Paul II, étendant malgré lui le doigt vers le signe fatal, es-tu donc Caïn?

— Plût à Dieu que je fusse ou que j'eusse été Caïn! Caïn n'était pas immortel; il fut tué par son neveu Lamech. Bienheureux ceux qui peuvent mourir!

» — Tu ne peux donc pas mourir, toi? demanda le Pape en reculant involontairement.

— Non, pour mon malheur! non, pour mon désespoir! non, pour ma damnation! C'est mon supplice, à moi, de ne pouvoir mourir... Oh! ce Dieu qui me poursuit, ce Dieu qui m'a condamné, ce Dieu qui se venge, ce Dieu sait, cependant, si j'ai bien fait tout ce qu'il faut pour cela!

» Ce fut le Pape, qui, à son tour, voila son visage entre ses mains.

» — Malheureux! s'écria-t-il, oublies-tu que le suicide est le seul crime sans pardon, parce qu'il est le seul dont on n'ait pas le temps de se repentir?

» — Ah! dit l'inconnu, voilà que, vous aussi, vous me jugez à la mesure des autres hommes, moi qui ne suis pas un homme, puisque j'échappe à cette loi humaine à laquelle nul n'échappe : la mort ! — Non, je suis comme Encelade, un Titan mal foudroyé, qui, à chacun de mes mouvements, à chacune de mes haleines, soulève tout un monde de douleurs! — J'avais un père, une mère, des enfants : j'ai vu mourir tout cela, et les enfants de mes enfants, et je n'ai pu mourir!... Rome la géante est tombée en ruines : je me suis mis aux pieds de la géante qui s'écroulait, et je suis sorti poudreux, mais sain et sauf, du milieu de ses ruines! Oh! à défaut de pardon, mourir, mon Dieu! mourir, mourir! Voilà tout ce que je vous demande.

» — Mais alors, dit le Pape, qui avait écouté sans l'interrompre ce long cri du désespoir, le plus terrible, le plus douloureux qu'il eût jamais entendu, si tu n'es pas Caïn... tu es donc?... Et il s'arrêta, comme effrayé de ce qu'il allait dire.

» — Je suis, reprit l'inconnu, d'une voix sombre, celui qui n'a pas eu pitié de la grande douleur... Je suis celui qui a refusé à l'homme-Dieu, succombant sous le poids de sa croix, une minute de repos sur le banc de pierre de sa porte... Je suis celui qui a repoussé le martyr du côté de son calvaire... Je suis celui sur lequel Dieu venge, non pas la Divinité, mais l'humanité... Je suis celui qui a dit : « Marche! » et qui, en expiation de ce mot, doit marcher toujours... Je suis l'homme maudit : je suis le Juif errant!

» Et, comme le Pape faisait malgré lui un pas en arrière :

» — Écoutez-moi, écoutez-moi, Saint-Père, s'écria-t-il en l'arrêtant par le pan de sa longue lévite blanche, et, quand vous saurez ce que j'ai souffert pendant les quinze siècles que j'ai vécus, peut-être aurez-vous pitié de moi, et consentirez-vous à être l'intermédiaire entre le coupable et le juge, entre le Crime et le Pardon !

» Le pape ne put résister à cette profonde prière, il s'assit, appuya son coude sur une table, laissa tomber sa tête sur sa main et écouta :

» Le Juif se traîna jusqu'à lui sur ses genoux et commença. »

II

Mais le diable est qu'il ne commence rien, et que Dumas, par un de ces retournements dont il est trop coutumier, au lieu de continuer son récit dans le chapitre suivant, plante là son lecteur mis en haleine et se rejette à corps perdu dans l'avant-scène :

« Maintenant, que le lecteur nous permette de nous substituer à celui qui parle et nous accorde sa patiente attention pour le gigantesque récit qui, à travers les siècles, va se dérouler sous ses yeux !... »

Et le voilà qui nous raconte la Bible et les Prophètes, Moïse et Josué, David, Absalon, Salomon, la reine de Saba, Nabuchodonosor et Babylone, la guerre de Troie, Darius et Xerxès, Marathon et Salamine, l'Inde et l'Égypte, tout cela d'une humeur si ronde et si paterne, que vous finissez par vous en amuser.

Il tape sur le ventre à Salomon, tutoie Alexandre, fils de Philippe, et, chemin faisant, découvre une foule de choses que tout le monde sait et dont on aimerait à profiter rien que pour lui faire plaisir. Ainsi, de plus en plus étonné, ravi, émerveillé de son expédition à travers des empires généralement inconnus jusqu'alors, nous le voyons arriver à l'Évangile, et, là, son enchantement devient tel, qu'il s'y taille un incomparable sujet de roman.

Vous savez ce cri des entrailles d'un homme qui, lisant des vers et les admirant, s'exclamait : « C'est beau comme de la prose ! » Dumas se sent si profondément remué par cette poésie sublime du Nouveau Testament, qu'il éprouve le besoin de la mettre en prose, et, qui mieux est, en prose de roman d'aventures. Ce vulgarisateur impitoyable ne reculera pas même devant cette besogne, de dramatiser, de costumer et d'enluminer la vie de Jésus en historiettes sentimentales, à l'usage des cabinets de lecture.

Nous sommes loin de M. Renan et de son idylle... L'auteur de la *Vie de Jésus*, en humanisant le Dieu, divinisait l'homme ; Dumas l'attiffe et le *modernise*.

« Figurez-vous un homme de trente à trente-trois ans, d'une taille un peu au-dessus de la moyenne ; il avait le visage long et pâle, les yeux bleus, le nez droit, la bouche un peu grande, mais douce, suave, mélancolique, *admirable de formes*; ses cheveux blonds, partagés à la mode des Galiléens, c'est-à-dire au milieu de la tête, retombaient en ondulant sur ses épaules; enfin, une barbe légèrement teintée de roux, qui semblait emprunter ses reflets d'or aux rayons du soleil d'Orient, allongeait encore ce visage, dont l'habitude de la contemplation tirait tous les traits vers le ciel. »

Après l'air du visage, le costume :

« Il était vêtu d'une longue robe, tissue sans coutures, tombant avec d'admirables plis le long de son corps et laissant, sous ses manches longues et larges, voir seulement ses mains, *qui étaient d'une blancheur et d'une finesse parfaites*, et d'un manteau bleu d'azur qu'il drapait avec une simplicité et une grâce infinies. »

Alors commence à se dérouler la grande page de la divinité, marquée à chaque ligne d'un bienfait et d'un miracle! Miracles et bienfaits qu'il eût mieux valu laisser tranquillement dans l'Évangile, leur vraie et unique place. Le repentir de Madeleine, le serviteur du Centenier, la fille de la Chananéenne, l'aveugle de Béthanie, tout cela n'a nullement besoin d'être dialogué en alinéas romantiques. On ne dramatise point la parabole du bon Pasteur, celle du bon Samaritain, celle du bon et mauvais Serviteur, celle de la Brebis égarée : il suffit de les avoir dans sa mémoire et dans son cœur.

D'ailleurs, tels de ces sujets peuvent être du ressort

de la peinture ou de la musique, qui répugnent à la transcription littéraire. Que Scheffer nous représente Satan conduisant Jésus sur la montagne et lui montrant, pour le tenter, le royaume de l'univers, l'artiste reste dans son rôle ; mais où je cesse de comprendre, c'est quand un homme comme Dumas s'évertue à paraphraser en style de théâtre une chose écrite pour l'éternité et de révélation plutôt encore divine que géniale. Vous me répondrez en me citant la paraphrase du *Pater Noster* dans *la Divine Comédie* ; mais l'exemple ne m'embarrasse pas, bien au contraire ; car il prouve que Dante lui-même a perdu sa peine à ce jeu de transcription et qu'il s'y est brûlé les doigts au propre feu de son Purgatoire.

Dumas s'était juré de composer tôt ou tard une tragédie romantique sur la Passion, convaincu que jamais aucun théâtre ne se prêterait à son effort et n'en voulant démordre, il avait choisi pour son expérimentation ce cadre légendaire infiniment extensible d'*Isaac Laquedem*. Nouvelle déception, car il avait compté sans les scrupules religieux du second Empire qui s'émut bientôt du scandale à voir l'Évangile paraître en feuilletons tous les matins, ni plus ni moins que *la Reine Margot* ou *les Mousquetaires*. Dumas, ai-je besoin d'en témoigner, était très sérieux en cette affaire, il y allait de la meilleure foi du monde ; mais les rieurs s'en égayaient plus que de raison.

Involontairement on se rappelait le comte de Saint-Germain racontant dans un salon du dernier siècle, les démarches réitérées qu'il avait dû faire près de Ponce Pilate au moment de l'arrestation de Jésus-Christ. Ne plaisantons plus, et admettons un seul instant la discussion sur le sujet, et nous serons forcé de reconnaître la puissance énorme de talent développée dans cette tâche impossible, qui ressemble un peu, de fort loin, à la lutte de Jacob avec l'Ange.

Tout l'épisode de Ponce Pilate est de main de maître. On ne saurait rendre d'un art plus coloré, plus vigoureux, la rivalité entre les prétentions sacerdotales d'Anne et de Caïphe et l'autorité du proconsul romain. Toute cette action vit et palpite sous nos yeux ; nous suivons pas à pas cette procédure dont le réalisme parfois même nous interloque, comme quand on nous dit que le prince des prêtres, Anne, y joue le personnage de juge d'instruction, et qu'on nous raconte que les apôtres Pierre et Jean, afin d'apporter, d'heure en heure, à la pauvre mère, des nouvelles de son divin fils, s'étaient glissés dans le prétoire par la faveur d'un employé du Tribunal « occupant une place correspondante à celle de nos huissiers ». Nous assistons au mouvement de la ville à l'instant de l'arrestation : « On voyait des points s'illuminer, des lumières inquiètes traverser les rues, s'arrêter, puis se remettre à courir de nouveau ; on entendait çà et là frapper aux portes ; les uns sortaient dans la rue, avides de connaître ce qui se passait ; les autres, au contraire, craignant quelque tumulte nocturne, se barricadaient chez eux. Les serviteurs du grand prêtre, enveloppés de manteaux, sillonnaient les rues, portant l'avis de la prise de Jésus aux scribes, aux pharisiens et aux hérodiens, lesquels mettaient à leur tour sur pied leurs valets et leurs clients, recommandant à ceux-ci de se porter aux environs du palais de Caïphe, qui, s'il y avait soulèvement, serait particulièrement menacé par la populace. Des patrouilles de soldats passaient d'un pas rapide avec un air sombre et menaçant, des détachements couraient en divers sens pour renforcer les postes ; enfin, au milieu de tous ces bruits formant un murmure immense et planant sur la ville comme un vaste dais de rumeurs, on entendait les aboiements prolongés des chiens et les cris des différents animaux amenés par les étrangers pour le sacrifice et par-dessus les aboiements, les mugissements et les cris, le bêlement plaintif des innombrables agneaux qui devaient être immolés pour la Pâque du lendemain. »

Quelles que fussent ses préoccupations historiques, Dumas s'en revenait toujours vers Rome :

> Alme sol, possis nil urbe Roma
> Visere majus!

Les traditions républicaines l'attiraient, s'amalgamant dans son cerveau à l'idée de grandeurs d'État et d'infinie puissance jusque sous le césarisme, qui l'entreprenait à son tour par le colossal, le monstrueux de ses vices, de sa servitude, et le pittoresque de ses révolutions de palais. Son drame de *Catilina*, celui de *Caligula*, surtout dans la préface, nous livrent le secret de cette double possession, dont je retrouve ici la trace dans sa manière de traiter l'épisode romain du drame de la Passion. « La citadelle Antonia était habitée par un homme qui, lorsque quelque chose de pareil au tumulte que nous avons essayé de peindre, se produisait à Jérusalem, était toujours éveillé le premier, parce que sur lui pesait la plus grande responsabilité. Cet homme, c'était l'Espagnol Ponce Pilate; il appela le soldat qui veillait à sa porte, fit venir un décurion et lui ordonna de descendre dans la cité et de s'informer de la cause de tout ce bruit. Si les réponses étaient vagues et contradictoires, il devait pousser jusque chez Anne ou chez Caïphe, qui ne pouvaient manquer de savoir, l'un ou l'autre, ce qui se passait. A peine la porte de la chambre s'est-elle refermée derrière le décurion, que la porte opposée, qui conduit aux appartements de la femme du gouverneur, s'ouvre et que celle-ci apparaît, pâle, drapée dans ses voiles de nuit et tenant une lampe à la main. La femme de Pilate, matrone de vingt-huit à trente ans, parfaitement belle et sage, est une Claudia, c'est-à-dire qu'elle appartient à l'une des branches de la famille de l'empereur Tibère. C'est par elle que son mari a été nommé gouverneur de Jérusalem et procurateur de Judée. Vous devinez d'ici le personnage : encore une de ces néophytes qui, depuis la Pauline de *Polyeucte,* ne manquent jamais de venir se jeter au travers de tous les mouvements du paganisme. Claudia a suivi dans le temple les prédications de Jésus, et, si elle accourt effarée, c'est qu'elle vient de voir en songe le supplice du Nazaréen. En ce moment, la porte s'ouvrit, c'était le messager de Pilate qui entrait :

» — Seigneur, lui dit-il, le grand sacerdote te mande qu'on vient d'arrêter, sur le mont des Oliviers, le magicien, le faux prophète, le blasphémateur Jésus, et qu'au point du jour il sera conduit à ton tribunal pour y entendre prononcer sa sentence de mort.

» — Eh bien, soupira Claudia, était-ce un songe?

» Pilate, pensif, laissa tomber sa tête sur sa poitrine ; puis, après un instant de silence :

— Tu sais, Claudia, que je t'ai promis, dit-il, que, si cet homme n'a rien fait contre l'auguste empereur Tibère, il ne sera rien fait contre lui. »

Je le répète, cet épisode romain du tableau est sérieusement mis à son point. Obsédé, harcelé par les objurgations d'Anne et de Caïphe jusque dans son palais, le proconsul y défendra pied à pied la politique imperturbable qu'une seule idée

17.

partout gouverne : faire prévaloir les droits de Tibère et la suprématie du Capitole.

« — Encore une fois, dit Pilate, c'est contre votre loi qu'il a péché et non contre la nôtre. »

Et Caïphe alors de répliquer :

« Prends garde, Pilate, si tu délivres cet homme, tu n'es pas l'ami de César; car il s'est nommé et déclaré roi des Juifs, et quiconque se nomme et déclare roi se révolte contre César. »

Pilate sent le coup : une dénonciation à Tibère, et le soupçonneux empereur peut envelopper dans la même proscription le rebelle impuni et le juge trop indulgent. Il cédera donc, mais en se lavant les mains du sang du Juste, et Dumas, en homme de théâtre qui partout soigne ses effets, place au fond du bassin l'anneau donné à Claudia comme un gage et que Claudia renvoie à son mari, ne voulant pas qu'il se parjure. La suite ne nous offre plus qu'une amplification assez malencontreuse de saint Matthieu. Passons outre et voyons Isaac Laquedem entrer en scène.

« Jésus et chancelant et suppliant fit un pas vers le juif :

» — Arrière ! arrière ! s'écria celui-ci, ne vois-tu pas que ma vigne sèche rien qu'à ton approche? ne vois-tu pas que ma maison tremble rien que parce que tu demandes à t'appuyer contre elle ? Arrière ! ton chemin est devant toi, suis ton chemin. Et, s'élançant de son banc et le repoussant avec tant de brutalité, que, pour la troisième fois, Jésus chancela et tomba sous sa croix :

» — Marche! marche! dit-il.

» Mais alors Jésus se relevant sur un genou :

— Malheureux! j'ai voulu obstinément te sauver; mais toi, obstinément, tu as voulu te perdre... Marche! as-tu dit? Malédiction sur toi pour avoir prononcé ce mot!... Moi, j'ai encore quelques pas à faire en portant ma croix, et tout sera fini; mais le fardeau que j'aurai laissé, c'est toi qui le reprendras! D'autres hériteront de ma parole, de mon corps, de mon sang, de mon esprit; toi, tu hériteras de ma douleur! Tu m'as dit : « Marche! » Malheureux! c'est toi qui marcheras jusqu'au jour du Jugement dernier. Va préparer tes sandales et ton bâton de voyage... De ceinture, pas n'est besoin, car le désespoir serrera tes flancs et ceindra tes reins; tu seras LE JUIF ERRANT, tu seras le voyageur des siècles, tu seras l'homme immortel! J'ai soif, et tu m'as refusé à boire : tu videras la lie que j'aurai laissée dans mon calice; le fardeau de ma croix écrasait mes épaules, et tu as refusé de le partager; nul ne t'aidera à porter le fardeau de ta vie; j'étais fatigué et tu m'as refusé ton banc, ton seuil, ton escabeau pour m'asseoir : je te refuse, moi, une tombe pour dormir !

» — Oh! balbutia Isaac en essayant de rire, quoique ses dents se choquassent les unes contre les autres, quoique la sueur de l'agonie coulât glacée sur son front, quoique ses genoux fussent plus tremblants et plus brisés que ceux de Jésus lui-même, — tu me laisseras bien, aujourd'hui encore, dîner avec ma femme et mes enfants, n'est-ce pas?

» — Oui, dit Jésus, et je ne fais pour toi que ce que l'on fait pour le condamné à qui ses juges accordent le repas libre... Oui, tu dîneras avec eux et, ce soir même, tu te mettras en chemin pour ton voyage éternel. Marche, maudit! tu verras pâlir et s'éteindre l'étoile qui, durant mille ans aura, dans le silence de la nuit, entendu tes larmes tomber une à une dans l'abîme de l'éternité, et, en mourant, l'étoile te dira : « Marche maudit! » Tu verras le fleuve se tordre à travers les plaines, les forêts, les prairies; tu suivras son cours immense, allant comme lui sans te reposer jamais, et, en se perdant au sein de l'Océan qui l'arrêtera, lui, et qui ne t'arrêtera point, il te dira : « Marche » maudit! » Tu reviendras vers des villes que tu avais laissées florissantes, qui, florissantes, t'avaient repoussé, et, quand tu reviendras, ces villes ne seront plus que des ruines, et le spectre de ces villes mortes se lèvera, ramassera une pierre de ces ruines et te la jettera en disant : « Marche » maudit! » Et tu marcheras ainsi, je te le répète, ne t'arrêtant que pour accomplir, contre moi ou pour moi, l'œuvre de ta destinée jusqu'au jour où je reviendrai sur la terre! »

« Contre moi ou pour moi ! » Dans ces cinq paroles, Dumas faisait tenir le sujet de son épopée divine et humaine restée à l'état fragmentaire et dont, à l'aide de renseignements personnels, il nous serait permis de reconstituer le plan, du moins par certains endroits. Ainsi, l'ouvrage qui devait avoir dix ou quinze volumes, s'interrompt au premier, juste au moment où le maudit s'agenouille aux pieds de Paul : « Je désire, ô très saint Père, dit le pèlerin en touchant la dalle de son front, — je désire bien humblement que vous entendiez en confession un malheureux pécheur ! » Et le rideau tombe brusquement sur ces paroles pour se relever sur une avant-scène de trois mille ans, que Dumas intercale à brûle-pourpoint dans son histoire.

III

Reprenons maintenant cette confession interrompue et racontons-en le secret d'après nos documents. Dans la conception du poète, là se trouvait le pivot sur lequel son drame évoluait, et voici quel devait être le coup de théâtre :

— Écoutez-moi, Saint-Père, s'écriait le maudit, et, quand vous saurez ce que j'ai souffert pendant les quinze siècles que j'ai vécus, peut-être aurez-vous pitié de moi et consentirez-vous à être l'intermédiaire entre le coupable et le juge, entre le Crime et le Pardon.

Alors, comme nous l'avons vu, le Pape s'asseyait, appuyait son coude sur une table, laissait tomber sa tête sur sa main et écoutait.

Et, après, qu'advenait-il ?

Après ? le Pape se prononçait pour l'absolution : il assumait la responsabilité de la miséricorde, se chargeait d'arranger l'affaire avec le Ciel, mais en mettant à son intercession l'inéluctable condition qui suit : le Juif converti, dès ce jour, à la foi du Christ, s'enrôlerait dans la milice de la sainte Église et dépenserait à combattre le bon combat la même énergie impitoyable qu'il avait montrée à lutter pour l'œuvre du démon. Ce décret suprême imposé d'en haut, passionnément accepté d'en bas, on pressent sa transformation et ses conséquences : le Juif errant marchera toujours ; seulement, au lieu de marcher *contre*, désormais il marchera *pour*; il sera l'âme damnée de la bonne cause, l'ouvrier des horribles besognes, tour à tour Simon de Montfort, Torquemada, Philippe II, Charles IX, Jacques Clément.

Il se baignera dans le sang des Albigeois, il allumera les bûchers de l'Inquisition, fourbira le glaive et le poignard, commandera l'arquebusade et, de fanatisme en fanatisme, accomplira sa tâche d'extermination à travers les siècles, jusqu'à l'heure finale où, déshérité à jamais de cette somme de libre arbitre qui fait que l'homme dispose à son gré de lui-même, marche et s'arrête quand il veut, — le sempiternel agité obtiendra de Dieu, pour prix de son repentir et de ses tortures, d'aller, comme le Moïse d'Alfred de Vigny, s'endormir du sommeil de la terre.

IV

Roman, drame, épopée, histoire, tout ce qu'on voudra, cet *Isaac Laquedem* est, en plus, un merveilleux recueil de légendes, et si bien contées, si destrement ouvrées dans le tissu même du récit ! D'abord, celles que l'on connaît, la légende de sainte Véronique et tant d'autres.

« Alors, de la maison opposée à celle du Juif, sortit une femme qui, voyant le visage de Jésus couvert de larmes, de sang et de poussière, lui tendit des deux mains une blanche nappe d'autel, en lui disant :

» — Mon doux Seigneur Jésus, faites-moi la grâce de vous essuyer le visage avec ce fin suaire; il sort des mains du tisserand, a été blanchi par la rosée du matin sur l'herbe des prairies, et n'a encore été souillé par aucun attouchement.

« Alors Jésus répondit :

» — Merci, bonne Séraphia.. ton offre est la bienvenue, car tu vois ce que je souffre... seulement, essuie moi toi-même le visage, je ne puis lever mes mains de la terre.

» Et la sainte femme appuya doucement les mains sur la face de Jésus, essuyant les larmes, essuyant le sang, essuyant la poussière.

» — Bien, dit Jésus ; et, maintenant, regarde ton suaire, Séraphia.

» Séraphia regarda son suaire et jeta un cri.

» La face de Jésus s'y était imprimée et y éclatait d'une façon indélébile : seulement, du milieu de cette couronne d'épines qui ensanglantait le front du Christ, jaillissaient des rayons de lumière, symbole de la divinité.

» Chacun eut le temps de voir la miraculeuse empreinte ; car Séraphia resta un moment les deux bras étendus de toute la largeur du suaire, ne pouvant croire à une pareille faveur.

» — A partir de ce moment, lui dit Jésus, quitte ton nom de Séraphia, et appelle-toi Véronique [1].

» — Je ferai ainsi qu'il m'est ordonné par mon Seigneur et Maître, dit Séraphia en tombant à genoux. »

---

1. *Vera Icon* : Véritable image.

Puis ce sont des milliers de traditions qui semblent naître de la poussière même du sol que foule l'éternel voyageur. Une fois, Isaac vient à Corinthe visiter Apollonius de Tyane, un de ces maîtres magiciens affectionnés du vieux Dumas, et qui nous apparaît tout de suite comme un ancêtre du fameux Altothas, de *Balsamo*. Isaac Laquedem et Apollonius de Tyane ; je laisse à penser au lecteur ce que se disent ces deux augures échangeant leurs impressions sur le drame du Golgotha.

Le mystagogue païen n'ignore rien de la Passion du Christ ; s'il n'assistait pas au terrible spectacle, il en a eu la commotion, ressentie de toute la nature. De là, ce collier ou plutôt ce rosaire de légendes qu'ils égrènent ensemble ; il y en a de toute sorte et jusqu'à des botaniques. Car la création entière prenait part à cette agonie : tout était muet, abattu, sinistre, dans la nature ; pas une cigale ne chantait, pas un grillon ne criait, pas un insecte ne bourdonnait ; seuls, les arbres, les buissons, les fleurs, murmuraient dans leur langage et formaient un chœur sourd et redoutable que les hommes entendaient et ne comprenaient pas. Il fallait que ce Dumas fût lui-même un sorcier. Cette légende du « Peuplier du Calvaire » qu'il introduit si pittoresquement dans sa glose, où, par exemple, l'avait-il prise ?

Lorsque jadis, dans ma jeunesse, j'habitais au doux pays du Neckar et m'y livrais, entre le

grec et l'allemand, à toute sorte d'études cabalistiques, il m'arriva un soir, en fouillant dans la bibliothèque du docteur Justinus Kerner, de mettre la main sur une espèce d'almanach macabre imprimé en têtes de clou sur papier à sucre. C'étaient des sentences rimées, des prophéties à la Nostradamus, des paraboles sibyllines, le tout entremêlé de gravures sur bois d'un gothique à faire pâmer d'aise les frères Boisserée, fort en honneur, en ce temps-là, parmi les amateurs de reliquaires ; il y avait notamment un fabliau qui, depuis, ne m'est jamais sorti de la mémoire. Le théâtre représentait un site enchanteur. Au creux d'un vallon qu'entouraient de vertes collines et des pics boisés, s'étendait un lac profond et changeant :
« Le Lac de la Mort ».

Sur ses bords, comme dans la danse d'Holbein, passaient et figuraient les divers acteurs de la comédie humaine.

Un moine passe.

LE MOINE.

De partout l'orage nous chasse :
Où promener mes pas errants,
En ces jours d'affreuse disgrâce
Où règnent les loups dévorants ?
La vie était pourtant si douce
En ce recueillement béni :
Sans éclat, sans bruit, sans secousse,
Dans le loisir de l'infini !
Le chant des orgues le dimanche,
Le parfum d'une fleur des bois,

Un cri de linot sur la branche,
Un oremus sous une croix ;
Une page d'un certain livre,
Qu'on méditait bien loin de tous,
Ah ! c'était là se sentir vivre...
Temps passés quand reviendrez-vous ?

LA MORT, *paraissant et l'entraînant.*

Jamais ! Et du présent c'est moi qui te délivre !

Passe une jeune fille rêveuse, un bouquet dans la main.

LA JEUNE FILLE.

Souvenirs tant chéris des heures envolées,
Quelle mélancolie à vous s'attache, hélas !
Vous êtes, du bonheur, les roses effeuillées
Que le présent a seul vu fleurir sous ses pas !

Apercevant le lac.

Oh ! la rose blanche et mignonne
Qui flotte sur ce bleu miroir !
Comment ferai-je pour l'avoir ?

S'approchant du bord.

Si j'osais... Que je suis poltronne !

LA MORT, *entraînant la jeune fille.*

Viens ! je t'en donnerai, moi, toute une couronne !

Mais ce qui, à première vue, me ravit le cœur et l'esprit, ce fut une collection, non, un foisonnement de légendes mystiques concernant la vie de Jésus ; celle du « Peuplier » me parut surtout si intéressante, que je la rimai dès l'instant et la publiai dans mes premières poésies. Dumas l'a-t-il connue là ? Peu importe. Quoi qu'il en soit, voici sa version :

» *Le saule de Babylone murmurait :*

» Il va mourir ! et, en signe de ma douleur, à

partir d'aujourd'hui, mes branches s'abaisseront jusque dans les eaux de l'Euphrate...

» Le cyprès du Carmel murmurait :

» — Il va mourir! et, en signe de mon désespoir, à partir d'aujourd'hui, je veux être l'hôte assidu des cimetières, le gardien fidèle des tombeaux.

» L'Iris de Suze murmurait :

» — Il va mourir! et, en signe de mon deuil, à partir d'aujourd'hui, je couvrirai d'un manteau violet mon calice d'or...

» La Belle-de-Jour murmurait :

» — Il va mourir! et, en signe de mes regrets, à partir d'aujourd'hui, je fermerai tous les soirs mon calice, et ne le rouvrirai que le matin, plein des larmes de la nuit...

» Et tout le peuple végétal se lamentait ainsi, depuis le cèdre jusqu'à l'hysope, tressaillant, frémissant, frissonnant du faîte à la racine.

» Le peuplier seul, orgueilleux et froid, demeura impassible au milieu de la douleur universelle.

» — Eh! murmura-t-il à son tour sans qu'aucune de ses branches bougeât, sans qu'aucune de ses feuilles fît un mouvement, que nous importe, à nous, la souffrance de ce Dieu qui meurt pour les crimes des hommes? Est-ce que nous sommes des hommes, nous? Non! nous sommes des arbres. Est-ce que nous sommes des criminels, nous? Non! nous sommes des innocents.

» Mais, en ce moment, l'ange qui portait au Ciel

un calice plein du sang de ce Dieu, entendit ce que disait l'arbre égoïste, qui, au milieu de la douleur universelle, réclamait pour lui seul le privilège de l'insensibilité. Il pencha légèrement le vase, et, sur les racines de l'arbre infortuné, il laissa tomber, avec ces paroles, une goutte du sang divin :

» — Toi qui n'as pas tremblé quand toute la nature frissonnait, tu t'appelleras *le Tremble*, et, à partir d'aujourd'hui, même pendant les lourdes journées d'été, où meurt toute brise, même lorsque les autres arbres des forêts resteront immobiles, répandant l'ombre fraîche autour d'eux, toi, de ta racine à ton faîte, tu trembleras éternellement!.. »

> Et dans ces belles nuits de rêve et de silence,
> Quand la nature dort en son voile argenté
> Aux humides rayons de la lune d'été,
> Lorsque pas une feuille au bois ne se balance,
> Que l'abeille repose au sein du lys de feu,
> Que tous les bruits de l'air dorment sous le ciel bleu,
> Lui, pris d'une terreur qui jamais ne s'arrête,
> Il frissonne, il tressaille, et son ombre inquiète
> Du frais miroir des eaux fatigue le cristal...

XXIII

Croyance en Dieu et scepticisme. — La religion des romantiques. — Victor Hugo. — Conclusion.

I

Un jour, nous causions de Goethe avec Lamartine, lorsque, pendant un silence, il se leva, ouvrit la fenêtre, et, montrant du doigt l'étendue :

— Dites-moi, reprit-il grave et recueilli, que pensait Goethe de ce qui se passe de l'autre côté de l'horizon ?

Cette question inéluctable et dont les plus indifférents se préoccupent, le lecteur s'étonnerait de ne pas nous voir l'aborder au terme de cette longue étude, d'où nous avons voulu que ni la physiologie, ni la psychologie ne fussent absentes.

Qu'était-ce pour Dumas que ce grand inconnu ? qu'en pensait-il ?

La vérité serait de dire qu'il n'y pensait pas.

Les hommes de cette génération avaient sur ce sujet d'autres vues que les nôtres ; la poésie leur tenait lieu de tout, elle était à la fois leur religion, leur philosophie et leur politique. On arrivait au romantisme des coins les plus opposés de l'horizon ; les uns, comme Lamartine et Victor Hugo, y venaient du catholicisme et du royalisme ; les autres, comme Stendhal, Sainte-Beuve et Mérimée, y venaient du camp de la libre pensée, et tout ce monde-là se retrouvait, s'entendait, travaillait à l'œuvre commune sous le firman de l'idéal ; l'antique foi à la monarchie du droit divin et les aspirations révolutionnaires, la Sainte-Ampoule, la Charte et le bonnet rouge. Que de choses disparates dans le seul Lamartine, quelle éblouissante confusion dans ce merveilleux feu d'artifice de fusées parties pour se contredire, et qui, toutes, en sens divers, montent au ciel ! Il commence avec les *Méditations* par le pur Catéchisme, passe au christianisme avec les *Harmonies*, se retourne avec *Jocelyn* du côté du Vicaire savoyard, et finit par *la Chute d'un Ange*, où Moïse, l'Évangile, Pythagore, les lois agraires se rencontrent dans le plus étonnant mélange. L'avouerai-je ? contemplés ainsi, à distance d'un demi-siècle, toutes ces dominations, tous ces archanges, tous ces Lucifers et tous ces Saint-Michel vous font l'effet de *médiums*; mieux encore : ce sont des fleuves, de très grands fleuves, comme le Rhône, le Rhin et le Danube, reflétant dans le miroir de leurs eaux ce qui se passe sur leurs rives. Respectueux des choses saintes, auxquelles le retour des esprits vers les sources du moyen âge prêtait des couleurs séduisantes, ils pratiquaient un déisme compliqué de littérature, de peinture et de musique et se contentaient de croire aux soleils suspendus comme des lampes d'or sous les pieds de l'Éternel. Le majestueux silence des cathédrales, la lueur voilée et prismatique des vitraux, le chant des orgues aux jours de fête, tout cela servait de cadre à des drames, à des romans, à des opéras comme *Robert le Diable*. Dieu s'y trouvait mêlé, parce qu'en somme, il était le maître de la maison; mais on ne se demandait point comment il était fait; c'était assez des renseignements que donnait le curé ou même, en son absence, un simple bedeau.

N'oublions pas que, d'autre part, le scepticisme, l'athéisme et le blasphème étaient également matière à littérature.

Lorsque, dans les vers qui servent de préface à sa pièce, l'auteur d'*Antony* terminait une invocation à l'Ange du Mal par cette strophe:

> Viens donc Ange du Mal, dont la voix me convie;
> Car il est des instants où, si je te voyais,
> Je pourrais, pour mon sang, t'abandonner ma vie,
>   Et mon âme... si j'y croyais !

Ces derniers mots : « Si j'y croyais ! » étaient évidemment pour l'effet, pour la rime ; ce qui n'empêchait point l'écrivain d'être à ce moment parfaitement convaincu qu'il ne croyait pas à son âme, à cette âme qu'il niait alors d'un air tout byronien et qu'il affirmait plus tard, comme un capucin, à propos de la mort de sa mère :

> O mon Dieu ! dans ce monde où toute bouche nie,
> Où chacun foule aux pieds les Tables de la Loi,
> Vous m'avez entendu, pendant son agonie,
> Prier à deux genoux le cœur ardent de foi.
> Vous m'avez vu, mon Dieu, sur la funèbre route,
> Où la mort me courbait devant un crucifix,
> Et vous avez compté les pleurs qui, goutte à goutte,
> Ruisselaient de mes yeux aux pieds de Votre Fils.
> Je demandais, mon Dieu, que, moins vite ravie,
> Vous retardiez l'instant de son dernier adieu :
> Pour racheter ses jours, je vous offrais ma vie ;
> Vous n'avez pas voulu : soyez béni, mon Dieu !

Ces vers sont bien, ils sont simples, sincères, d'une douleur et d'une résignation vraies ; le seul malheur fut qu'ils n'aidèrent à sa délivrance que trop vite. Le poète, en les scandant, avait déjà consolé le fils. Singulières organisations que celles de ces êtres doués de la faculté de mettre à la minute en belles stances leurs sensations et leurs chagrins les plus intimes, et de s'en décharger le cœur avec des rimes.

II

Dans la première crise de la douleur — au fond très réelle — que lui causa la mort de sa mère, Dumas s'était rapproché de son fils, alors âgé de douze ans ; il lui semblait que, seul, cet enfant pouvait désormais le rattacher à l'existence. Il ne voulait plus le quitter et résolut de partir pour la Suisse et de l'emmener. Il commande tout ce dont l'enfant peut avoir besoin, et, quand tout fut prêt pour le voyage, il partit seul... avec Ida ! On se figure un rapin de ce temps-là, connaissant son Dumas sur le bout du doigt et s'écriant à ce propos : « Est-ce assez nature ! »

Maintenant, de ce que ces vers qui se peuvent lire, écrits de sa main la plus ferme au bas d'un croquis d'Amaury Duval d'après sa mère morte, de ce que ces vers disent exactement le contraire de ceux de la préface d'*Antony*, en conclurons-nous que Dumas devait s'être converti entre temps? Pas le moins du monde. Philosophiquement, ici la négation vaut l'affirmation. Amant qui blasphème Dieu, fils qui l'implore, sont chacun dans son rôle, et la génuflexion comme le poing levé ne prouvent rien ni pour ni contre.

Le christianisme, le catholicisme et le romantisme rimaient d'ailleurs trop bien ensemble pour que les coryphées de ce grand concert fussent jamais irréligieux de parti pris. Ils étaient désespérés, amers et révoltés dans l'occasion. Ils interpellaient Dieu, l'adjuraient, le juraient : témoignage qu'ils croyaient en lui. Quant à Dumas, avec sa nature rapide et lucide, ses occupations et ses distractions, les perspectives de cet ordre ne pouvaient guère l'intéresser qu'à vol d'oiseau. J'imagine qu'il avait dû y réfléchir; mais, voyant qu'il ne trouvait ni un commencement ni un dénouement vraisemblables et logiques à tout cela, il avait renoncé à faire la pièce.

Au fond, il s'en remettait aux souvenirs de son enfance, aux pratiques de sa mère, aux conseils du bon curé Grégoire, aux espérances vagues, aux superstitions des paysans au milieu desquels il avait été élevé. Sa puissante organisation, que Michelet définissait « une des forces de la nature », s'accommodait à merveille de tout ce qui l'environnait, du soleil, du vent, de la pluie, du chaud, du froid, de la mer, des montagnes, des forêts et des plaines; il dormait et mangeait bien, aimait, travaillait sans fatigue et se sentait partie intégrante et active, d'un tout harmonieux et agréable dont il profitait sans y rien chercher davantage et dans lequel il avait confiance; quand on discutait devant lui ces questions-là : « Moi, disait-il, je crois en Dieu ; voilà ! »

Il n'en désirait point savoir davantage ; sauf le vers que je viens de citer, vous ne trouverez pas un mot impie, pas une hérésie dans les douze cents in-octavos qu'il a écrits. Il entrait dans une église et faisait le signe de la croix ; il voyait une chapelle déserte et silencieuse, il s'y arrêtait, il y rêvait, et, si quelque image du Christ ou de la Vierge l'attirait, l'intéressait comme objet d'art, il lui adressait une prière vague, celle peut-être qu'il avait apprise de sa mère ; après quoi, il n'en aimait que mieux sa maîtresse et travaillait avec plus d'entrain. Cette capacité active, dévorante à la fois et vivifiante, se reconstituait et se renouvelait dans tout; il visait au plus droit, ne perdait aucun de ses coups. Nous ignorons ce que c'est que l'intelligence, ce que c'est que la raison en elle-même, et quelles sont les sources secrètes de la pensée; il n'y a pas problème, il y a mystère. A quoi bon, alors, les suppositions gratuites, les mots vides de sens pour exprimer ce qu'il ne nous est pas donné de comprendre ? Des hommes d'un autre génie que le sien et d'une inspiration transcendante avaient déclaré qu'il était un Dieu : il ne les contredisait pas, il les approuvait même d'autant plus que la forme qu'ils avaient prêtée à ce Dieu, dans l'Ancien et le Nouveau Testament, plaisait à son esprit. Il acceptait la découverte et la déclaration et prenait, pour faire le voyage de la vie, ce Dieu possible, commode et pratique, comme il prenait le chemin de fer au lieu de rêver la direction des aérostats. Étant lui-même une des expressions de la vie, il ne pensait jamais à la mort, dont la crainte est la cause première des philosophies moroses et des religions inquiètes. Bref, il avait cette idée de Dieu qui nous vient d'un bon estomac et qui se résume par ces trois mots : « Au petit bonheur ».

La mélancolie et la tristesse étaient des modifications incompatibles avec son être ; s'il eût voulu méditer, sa propre méditation eût commencé par l'endormir. Dumas n'admettait le repos que par la fatigue. Un phénomène assez curieux se produisait ainsi chez lui ; presque chaque année une fièvre de taureau l'abattait pendant deux ou trois jours : il n'était pas malade, il était vaincu. Sachant cela, il se couchait, s'assoupissait ; de temps en temps, il ouvrait les yeux prenant à tâtons le verre de limonade commandé pour ces circonstances ; puis après avoir bu, il se retournait du côté du mur et rentrait dans sa fièvre, qui était sa manière violente de se reposer. La crise durait environ trois jours, au bout desquels il se levait et se remettait au travail. Les organes surmenés avaient imposé la halte.

III

C'est surtout au point de vue physiologique et, qu'on me passe le mot, « animal », que les individus de cette espèce veulent être très étudiés. J'ai l'air d'émettre un paradoxe; mais, pour moi, certains hommes ont du génie comme les éléphants ont une trompe. Ce n'est là qu'un prolongement de l'être, un mécanisme de plus dont on peut demander à ces mortels prédestinés de se servir le mieux possible, mais qu'ils sont incapables d'expliquer, de gouverner comme ils le veulent et qu'ils demeurent impuissants à modifier, quelles que soient les leçons de l'expérience, les résistances du milieu, les avertissements de l'âge. Je dis ceci à propos de Dumas; autant en pourrai-je écrire au sujet de Victor Hugo, et même plus, car l'inconséquence et la contradiction affectent, par la politique, chez Victor Hugo, un caractère de gravité, d'ampleur et de décision fervente qu'elles n'ont pas chez Dumas. Ces revirements qu'on lui reproche, ces conversions infatigables à l'idée qui règne sont des faits imputables au seul mode d'inspiration dont la nature l'a doté.

Centre de résonnance en perpétuelle vibration, réflecteur imperturbable, Victor Hugo subit la loi de son génie, organisé de telle façon, qu'il n'a jamais perçu que la silhouette et la couleur des choses et des hommes, sans pouvoir se rendre compte de leurs proportions, de leur épaisseur et de leur relation avec l'universel ; ses impressions, si rapides qu'elles soient, il lui faut, à l'instant même, les traduire en syllabes sonores, pleines d'images. D'observation, de déduction, de logique, d'analyse, de goût, de prescience et de prévision, aucune trace. Il naît au monde littéraire sous la Restauration, il chante la monarchie légitime et la religion. Les idées au milieu desquelles il vit s'imposent à lui, il leur obéit sans discussion, s'abandonnant aux mots qui passent. Avec la révolution de Juillet, le point de vue politique change, les mots changent.

La légende napoléonienne reparaît, vient 1848, la grande prose des *Girondins* le trouble, la liberté le grise, voici les discours; au coup d'État, il gravit la montagne; arrive alors le tour des Mirabeau, des Danton, des révolutionnaires en activité de service et de leurs ancêtres, de Rousseau et de Voltaire qu'on appelait un singe de génie. Quelque chose lui reste-t-il encore à chanter? Oui : la Commune, il la chante !

C'est que le génie, je le répète, est involontaire, on ne le dirige pas, on le subit dans la spécialité que la nature a voulue. Victor Hugo est né pour faire des vers, pour faire éclater des substantifs et des adjectifs comme des bombes; il accomplit sa mission, sa destinée, il fait des vers, il fait des phrases sur tous les sujets sans distinction, sans préférence, sans respect ni souvenir de ce qu'il a écrit la veille, et néanmoins irresponsable à travers tout, comme un miroir auquel on ne reproche pas de refléter tout ce qui passe devant lui.

IV

Imprescriptible loi d'une végétation qu'il ne dépend ni de régulariser, ni d'amender ! La Fontaine, a-t-on dit, poussait des fables, Hugo pousse des strophes et Dumas des drames. Combien de fois n'a-t-on pas soutenu que, si Dumas s'était châtié davantage, il aurait produit des œuvres beaucoup plus fortes ? Le vulgaire qui a horreur de toutes les facilités parce qu'à lui tout est difficile, s'imagine volontiers qu'un homme qui écrit beaucoup doit mal écrire. Un bon juge de ce temps-là, et placé comme qui dirait aux premières loges, pour libeller ses impressions, madame de Girardin, qui connaissait Dumas intimement et, comme George Sand, l'admirait fort, s'est expliquée là-dessus en excellents termes :

« Cette rapidité de composition, dit-elle, ressemble à la rapidité des chemins de fer : toutes deux ont les mêmes principes, les mêmes causes, une extrême facilité obtenue par d'immenses difficultés vaincues. Vous faites soixante lieues en trois heures, ce n'est rien et vous riez d'un si prompt voyage. Mais à quoi devez-vous cette rapidité du voyage, cette facilité du transport? A des années de travaux formidables, à des millions dépensés à profusion et semés tout le long de la route aplanie, à des milliers de bras employés pendant des milliers de jours à déblayer pour nous la voie. Vous passez, on n'a pas le temps de vous voir; mais, pour que vous puissiez passer un jour si vite, que de gens ont veillé, pioché, bêché ! Que de plans faits et défaits ! que de peines, que de soucis a coûtés ce trajet si facile que vous parcourez, vous, en quelques moments, sans soucis et sans peine! »

Il en est ainsi du talent de Dumas : chaque volume écrit par lui représente des travaux immenses, des études infinies, une instruction universelle. Metteur en œuvre infatigable et d'une sympathie enthousiaste, « force de la nature » spontanée et confuse, moule vaste et bouillonnant où tout se fond, où tout se broie, où tout fermente, il a, pour deviner, l'instinct, l'expérience, le souvenir; il regarde bien, il compare vite, il comprend involontairement, il sait par cœur tout ce qu'il a lu. Il a gardé dans ses yeux toutes les images que sa prunelle a réfléchies; les choses les plus sérieuses de l'histoire, les plus futiles des mémoires les plus anciens, il les a retenues ; ne haïssant pas le déshabillé, il parle familièrement des mœurs de tous les âges et de tous les pays; il sait le nom de toutes les armes, de tous les vêtements, de tous les meubles que l'on a faits depuis la création du monde, de tous les plats que l'on a mangés depuis le stoïque brouet de Sparte jusqu'au dernier mets inventé par Carême. Faut-il raconter une chose? il connaît tous les mots du dictionnaire mieux qu'un grand veneur; un duel? il est plus savant que Grisier; un accident de voiture? il emploiera tous les termes du métier comme Binder ou comme Baptiste.

Quand les autres auteurs écrivent, ils sont arrêtés à chaque instant par un renseignement à chercher, une indication à demander, un doute, une absence de mémoire, un obstacle quelconque; Dumas n'est jamais arrêté par rien; de plus, l'habitude d'écrire pour le théâtre lui donne une grande agilité de composition. Il dessine une scène aussi vite que Scribe chiffonne une pièce. Joignez à cela un esprit étincelant, une gaieté, une verve intarissable et vous comprendrez à merveille comment, avec de semblables ressources, un homme peut obtenir dans son travail une incroyable rapidité sans jamais sacrifier l'habileté de sa construction, sans jamais nuire à la qualité et à la solidité de son œuvre.

Se châtier! est-ce qu'il le pouvait? Il faisait de

son mieux, tout en faisant vite; l'abondance, la force, l'amour du travail, l'imagination, la fécondité lui tenaient lieu de réflexion et de remaniement. On ne demande pas à Horace Vernet de peindre comme Holbein, à Rossini de composer comme Cherubini; le public traite volontiers de pacotille les ouvrages nombreux, ne voulant pas croire qu'il y ait des organisations privilégiées, comme il y a des terres bénies du ciel où le blé pousse, verdit, grandit en quelques semaines. Posséder ces dons précieux n'est jamais un tort, l'unique mal est d'en abuser.

V

Dumas, sur ce point-là, ne se sentait pas sans reproche; on pourrait même presque parler, à ce propos, de certains scrupules de conscience qui le troublèrent vers sa fin. Le cerveau s'était obscurci, les choses du passé restaient bien encore présentes, mais celles du moment ne se fixaient plus dans sa mémoire. Il causait avec vous et tout aussitôt il oubliait. On avait beau solliciter cette intelligence avec un vague espoir de la remettre en son équilibre, le même phénomène se reproduisait toujours. D'étranges rêves le hantaient; il se voyait au pinacle d'une montagne formée de l'entassement de tous ses livres empilés les uns sur les autres. Peu à peu, le sol se mouvait, s'effritait, se dérobait, et alors il s'apercevait que son Himalaya n'était que de la pierre ponce.

Un soir, Dumas fils le trouva plus absorbé dans ses réflexions :

— A quoi songes-tu, lui dit-il?

— C'est trop sérieux pour toi.

— Pourquoi cela ?

— Tu ris toujours.

— Je ris parce que je n'ai pas de motif d'être triste : nous sommes tous réunis, toi, madame Dumas, mes enfants ; mais cela ne m'empêche pas d'être sérieux. De quoi s'agit-il?

— Me donnes-tu ta parole d'honneur de me répondre franchement?

— Ma parole !

— Eh bien, Alexandre, dans ton âme et conscience, crois-tu qu'il restera quelque chose de moi?

« Je le rassurai, raconte Dumas fils; il parut très heureux de ce que je lui dis et développai longuement. Il me serra la main, je l'embrassai, il n'en fut plus question. Il mourut quelques jours après. »

VI

Son fils avait raison ; un homme qui, comme Dumas, a vécu et travaillé pour son temps, qui l'a instruit, amusé, passionné, ne saurait périr tout entier.

« S'il y a, disait Sainte-Beuve, des auteurs tel qu'Horace et Montaigne qui gagnent à être sans cesse relus, compris, entourés d'une pleine et pénétrante lumière, il en est d'autres à qui tout profite, même leurs défauts. Ce sont ceux qui tournent à la légende et deviennent des types dont le nom devient, pour la postérité, le signe d'une époque et d'un genre. »

Dumas aura ce privilège et il le devra autant à sa personnalité qu'à son génie. Ses excentricités, ses boutades, ses écarts de verve ou ses éclipses formeront comme un appoint indispensable à ses ouvrages.

Il s'est mêlé d'office à tous les événements, à toutes les bagarres ; pas un coin de cet univers qu'il n'ait raconté, pas un héros de la comédie contemporaine qu'il n'ait connu et tutoyé. Les pays mêmes qu'il n'a jamais vus, il nous les décrit et de si belle humeur, que vous vous y laissez prendre. L'homme de la légende vaut chez lui l'homme de lettres. Il a tiré des éléphants à Ceylan, des lions en Afrique, des tigres dans l'Inde, des hippopotames au Cap, des élans en Norvège, des ours noirs en Moscovie et des ours blancs au Spitzberg. A propos de son fameux voyage au Sinaï, le pacha d'Égypte lui fait dire qu'il est le voyageur qui a le mieux vu l'Égypte, et jamais il n'y a mis les pieds ; comment ne pas le croire ? Il a les clartés et les intuitions d'une somnambule. Comme elle à travers l'espace, son œil lit à travers le temps.

J'ai parlé de seconde vue à propos d'un certain chapitre de *Gaule et France*, écrit en 1831, telle conversation avec la reine Hortense dans le parc d'Arenenberg vous ouvrira de bien étonnantes perspectives sur les grandeurs et la décadence futures du neveu de Napoléon. On se trompe en général beaucoup à l'égard de Dumas ; ce fantaisiste a des dessous qu'il faut savoir parcourir et reconnaître ; mais bast ! qui s'occupe d'y aller voir ; les études du vieux Dumas ! sa politique ! parlez-nous de ses beefsteacks d'ours! Michelet pensait différemment.

C'est que le public, entomologiste imperturbable, aime surtout les classifications et ne vous adopte guère que par un côté. Malheur aux puissants en gaieté quand ils veulent se mêler de l'instruire! leur familiarité, leur entrain, le déconcertent. Parlez-donc aux gens de Rome ou de Carthage en commençant par leur taper sur le ventre : fussiez-vous Niebuhr où Mommsen, ils vous prendront pour un charlatan. Où ce grand flandrin de Dumas, insouciant et bon enfant, aurait-il appris ce qu'il nous débite, où sont « ses papiers », son mandat? qui l'a nommé? Il se peut que le vulgaire ait ses raisons d'argumenter ainsi, les préjugés comme la routine n'ont jamais absolument tort; mais, de son côté, Dumas, en procédant comme il a fait, restait dans ce rôle d'homme et de génie indépendant qu'il a su maintenir jusqu'à la fin. Avare de polémiques aussi bien que de préfaces, les querelles de doctrine ne l'intéressent pas plus que le mandarinisme des sorbonniens; romantique de corps et d'âme, il n'est pas même du Cénacle et se réserve une absolue liberté, en dehors des partis.

La fougue de son imagination, la fièvre de son sang africain l'emportent dans un tourbillon qui n'est pas celui des autres, il a le vertige de sa gloire. Sont-ce ses personnages qui lui ressemblent, est-ce lui qui ressemble à ses personnages? Un fait incontestable, c'est qu'il y a, chez Dumas, de l'Antony, du d'Artagnan, du Iaqoub et du Cagliostro; l'homme ne se sépare pas de l'écrivain, et, s'il faut une certaine esthétique pour juger les deux, il faut surtout de la physiologie. Car c'est assurément là un des spécimens les plus curieux qui se puissent citer des énergies humaines dans leur corrélation, leur solidarité, leur harmonie. Involontairement, je le définirais un animal humain en proie au génie, tant ce continuel besoin de production intellectuelle correspond à ce qui se passe chez la bête en travail de reproduction physique.

Pascal disait : « Qui veut trop faire l'ange fait la bête! » Chez Dumas les deux puissances sont simultanées. Allez donc, avec de pareils êtres raisonner, discuter le pourquoi et le comment : ils ne le savent pas eux-mêmes, ils sont une force, voilà tout ce qu'ils savent ou plutôt ce qu'ils sentent; ils exécutent des chefs-d'œuvre parce qu'une folle envie de produire les tourmente. Cela vient comme cela vient; puis, ils passent à autre chose. Dumas veut être ainsi jugé sans arrière-pensée, ni manie de classification. Sa gloire n'en demande pas davantage.

C'est un arbre fruitier en plein vent, en plein rapport et succombant sous le poids de ses richesses. Peut-être la quantité l'emporte-t-elle sur la qualité ; peut-être les gourmands et les raffinés ne les rechercheront-ils pas pour leur table ; mais tous ceux qui passeront par là pourront en cueillir à portée de la main, s'en rafraîchir, s'en régaler et se dire qu'ils reviendront par le même chemin pour en manger encore ; car ils en garderont un bon goût et savent qu'il y en aura toujours.

FIN

APPENDICE

APPENDICE.

Les pages qu'on va lire ne se trouvent que dans la première édition de *Gaule et France* (celle d'Urbain Canel); on les a depuis partout supprimées. Pourquoi ? Il nous a semblé intéressant de les rétablir ici ; car, en dépit de la phraséologie romantique, elles sont un témoignage à conserver de la *lucidité* de ce poète qui prédisait en 1832 la tourmente sociale venue en 1848 et qui commence à battre son plein en 1884.

... Si l'on a suivi avec attention cette longue histoire de France qu'on vient de lire, on a dû remarquer que chaque révolution successive a eu pour résultat de déplacer la propriété des mains dans lesquelles elle se trouvait, pour la faire passer, en la divisant, par des mains plus nombreuses, et toujours plus rapprochées du peuple. C'est que le peuple qui est né sur une terre a seul le droit de la posséder ; puisque Dieu l'a fait pour cette terre, il a fait cette terre pour lui ; un accident peut bien la faire sortir de sa possession pour un temps plus ou moins long, mais l'harmonie est troublée tant qu'elle n'y rentre pas ; de là les révolutions qui ont l'air d'être un dérangement de l'ordre social, et qui ne sont, au contraire, qu'un moyen tendant au rétablissement primitif de cet ordre.

On se souvient que César avait fait de la Gaule une province romaine et des Gaulois des citoyens romains. C'est-à-dire que, dans sa réunion à l'empire, le peuple vaincu ne perdit aucun de ses droits au sol qu'il habitait, et cela se conçoit : les Romains conquéraient, ils n'envahissaient pas. L'esprit romain était à l'étroit dans l'univers ; mais le peuple romain était à l'aise dans Rome.

La conquête franke eut un caractère tout opposé; les peuplades conduites par Mere-Wig étaient violemment repoussées de la Germanie par les secousses que leur communiquaient les nations orientales, qui descendaient des plateaux de l'Asie, et que l'Europe devait voir apparaître sous la conduite d'Alaric et d'Attila. Ce n'était pas la gloire des armes qui poussait vers la Gaule ces mendiants armés en quête d'un royaume.

C'était le besoin d'un toit qui mît à l'abri leurs pères, leurs femmes, et leurs enfants ; or comme, dès cette époque, toute terre était déjà occupée, ils prirent celle de plus faibles qu'eux, sous prétexte que de plus forts qu'eux avaient pris la leur.

Nous avons vu, en conséquence, les premiers rois de France s'emparer de la Gaule et partager la conquête entre leurs chefs, sans s'inquiéter un instant de ce qu'ils ne possédaient que par le droit du plus fort.

Nous avons vu encore, lorsque la réaction nationale s'opéra, les hommes de la conquête prendre les intérêts du sol français contre ceux de la dynastie franke : ils rendirent ainsi au royaume sa nationalité ; mais se constituant en castes privilégiées, ils gardèrent les terres de la nation.

Or, Louis XI fit bien passer ces terres de la grande vassalité à la grande seigneurie, et Richelieu, de la grande seigneurie à l'aristocratie ; mais la Convention seule les fit passer de l'aristocratie au peuple.

Ce n'est donc que depuis 93 que les terres se retrouvent, comme au temps des Gaulois, entre les mains de ceux qui ont véritablement le droit de les posséder; mais, pour en arriver là, il a fallu quatorze siècles et six révolutions ; et, afin que tout fût légal, comme il y avait prescription, il y eut rachat.

C'est dans cette pensée profonde — dont ceux qui ont le plus profité lui savent le moins de gré peut-être — que la Convention émit cette quantité énorme d'assignats (quarante-quatre milliards) qui donna au peuple la possibilité d'acquérir; car la valeur de cette monnaie dépréciée, factice, en face de tout autre achat, devenait réelle devant celui des biens que, par instinct plutôt que par science, la Convention avait nommés « nationaux ». C'est grâce à cette combinaison, que vint aider d'abord l'abolition du droit d'aînesse, puis ensuite la suppression des majorats, que s'est opérée cette multiplication incroyable de propriétaires qui, depuis quarante ans, a parcouru une échelle de cinquante mille à quatre millions et demi.

Ces possédants peuvent donc regarder aujourd'hui la possession comme inaliénable, et toute révolution nouvelle comme impossible. En effet, quel but aurait désormais une révolution, puisque, les castes étant toutes détruites, depuis la grande vassalité jusqu'à l'aristocratie, la division territoriale, entravée autrefois par le privilège de ces castes s'opère tout naturellement aujourd'hui entre le peuple, grande et unique famille où tout le monde est frère, et où chaque frère a les mêmes droits ?

La propriété, si puissante par elle-même, n'a donc pas besoin de l'appui factice d'un gouvernement qui ne la représente pas et qui, tenant tout d'elle, tandis qu'elle ne tient rien de lui, ne peut que lui être mortel par la part de sang budgétique qu'il tire du corps de la nation pour injecter dans ses propres veines. Le gouvernement, dans les États, fait office du cœur chez les hommes; il faut qu'il rende aux artères la même quantité de sang que les artères lui en confient; une goutte de moins par pulsation, et toute la machine est désorganisée. Aussi le gouvernement actuel[1] tombera-t-il sans secousse aucune et par la simple substitution de la politique rationnelle à la politique révolutionnaire; il tombera, non point par les efforts des prolétaires, mais par la volonté des possédants; il tombera, parce que ne représentant que l'aristocratie de la propriété et ne reposant que sur elle, l'aristocratie de la propriété qui, à chaque heure, va se détruisant par la division, manquera un jour sous lui.

Maintenant, voilà selon toute probabilité, comment la chose arrivera:

Les censitaires à deux cents francs s'apercevront, les premiers, que la concession du droit électoral qu'on leur a faite est complètement illusoire; que la part secondaire qu'ils prennent au gouvernement ne peut pas le faire dévier de sa marche, cette marche fût-elle contraire à leurs intérêts, puisque leur influence sur lui n'est pas directe, et ne s'exerce qu'à l'aide d'un mandataire dont la fortune, cotée au plus bas, est des trois cinquièmes supérieure à la sienne. Or nous savons parfaitement que nos égaux seuls connaissent nos besoins, pour les avoir éprouvés; que nos pairs seuls prennent nos intérêts, parce que nos intérêts sont les leurs, et que, par conséquent, nous ne pouvons charger de prévoir les uns et de défendre les autres, que nos égaux et nos pairs.

Du jour où les électeurs se seront convaincus de cette vérité, et ce jour n'est pas éloigné, ils exigeront

---

1. Dumas écrivait ceci en 1838.

des députés qu'ils enverront à la Chambre la promesse de l'abaissement du cens d'éligibilité à deux cents francs et du cens électoral à cent francs ; les candidats promettront pour être élus, tiendront leur promesse pour être réélus, et le double abaissement du cens d'électorat et d'éligibilité sera le résultat de ce calcul. Alors commercera la révolution parlementaire; puis, à leur tour, les électeurs à cent francs s'apercevront qu'ils ne sont pas plus représentés par les éligibles à deux cents francs que ceux-ci ne l'étaient par des censitaires à cinq cents, cette découverte sera suivie des mêmes effets, la même exigence amènera les mêmes résultats et le cens s'abaissera ainsi, jusqu'à ce que tout prolétaire soit électeur et que tout possédant ait droit d'être député. Le phare que nous allumons sur sa route n'éclairera que son naufrage, car, voulût-il virer de bord, il ne le pourrait plus maintenant: le courant qui l'entraîne est trop rapide, et le vent qui le pousse est trop large. Seulement, à l'heure de sa perdition, nos souvenirs d'homme l'emportant sur notre stoïcisme de citoyen, une voix se fera entendre qui criera : « Meure la royauté! mais Dieu sauve le roi! »

Cette voix sera la mienne.

Alors s'achèvera la révolution parlementaire.

Alors un gouvernement en harmonie avec les besoins, les intérêts et les volontés de tous, s'établira, qu'il s'appelle monarchie, présidence ou république ; peu m'importe et peu importe, car ce gouvernement sera une magistrature, et voilà tout : magistrature quintennale, probablement, car la quintennalité est la forme gouvernementale qui présente le plus de chances de tranquillité à la nation, puisque ceux qui sont contents de la gestion de leur délégué ont l'espoir de le réélire, et que ceux qui en sont mécontents ont le droit de le destituer.

Mais alors aussi, comme la grande propriété, le gouvernement transitoire d'un instant, aura eu son représentant; la propriété secondaire devra à son tour avoir le sien : seulement, celui de l'un ne pourra pas être celui de l'autre, car il faudra que ce dernier soit le type exact de son époque, comme Louis-Philippe, Louis XV, François Ier et Hugues Capet l'ont été de la leur. Il faudra qu'il soit né parmi le peuple ; afin qu'il y ait sympathie entre lui et le peuple, il faudra que sa fortune particulière ne soit pas au-dessus de la proportion générale des fortunes, afin que ses intérêts soient pareils aux intérêts de tous ; il faudra enfin que sa liste civile soit restreinte à la stricte nécessité de ses dépenses, afin d'enlever de ses mains les moyens de corruption à l'aide desquels il pourrait, lors de l'élection de son successeur, soudoyer un parti dont la volonté ne serait plus celle de la nation. Cet homme ne pourra donc être ni un homme du sang royal, ni un grand propriétaire.

Voilà le gouffre où va s'engloutir le gouvernement actuel.

FIN DE L APPENDICE..

TABLE

	Pages
AVANT-PROPOS.	I
I. — La vingtième année. — Le cinquième étage de la place Louvois. — La Mère de Dumas fils.	1
II. — A vue de pays.	20
III. — *Christine à Fontainebleau.* — *Henri III.* . .	38
IV. — *Charles VII chez ses grands vassaux.*	49
V. — *Don Juan de Marana.* — *Catherine Howard.* — *Antony.*	68
VI. — Caractère du génie de Dumas. — Quels étaient ses rapports avec ses collaborateurs : Anicet Bourgeois et *Caligula*, Goubaux et *Richard Darlington*.	83
VII. — Dumas et Heine	95
VIII. — Dumas chez lui. — La Question d'argent. — Les Femmes. — La Troupe de Dumas. — Ses Comédiens : Frédérick, Marie Dorval, Bocage, et nos comédiens. — Le Système des *étoiles*. — Les Recettes d'alors et celles d'aujourd'hui. — Ce qui tuera chez nous l'art dramatique.	110
IX. — Les *Minores* du romantisme. — Tirailleurs, fantoches et bohèmes	139
X. — *Caligula*.	151
XI. — *Catilina*.	155
XII. — Sa traduction d'*Hamlet*.	164
XIII. — Les modernes scoliastes de Shakespeare — Le Mécanisme de son vers et de son style. — Quelles sont les connaissances techniques indispensables qui s'imposent désormais à son traducteur.	166

XIV. — Les Valois : ceux de l'Histoire et ceux du Théâtre. — Comment Dumas travaille à les concilier les uns avec les autres. 182

XV. — Le Théâtre-Historique. — Une répétition des *Mousquetaires* à l'Ambigu. 195

XVI. — Le Père et le fils. — M. Auguste Maquet à la première des *Mousquetaires*. — Les Romans de Sue et ceux de Frédéric Soulié à propos de *Monte-Cristo*. 206

XVII. — Le Castel de Monte-Cristo. — Ses Hôtes. — Sa Ménagerie. — Le Commencement de la débâcle 218

XVIII. — *Balsamo*. — *Le Chevalier de Maison-Rouge* . 228

XIX. — Dumas et Garibaldi. — Les Velléités politiques 233

XX. — Le Style de Dumas : son procédé, le même que celui de Walter Scott. — Sa Conception historique des grandes figures de la Révolution. — La Reine. — Madame Élisabeth. — Charlotte Corday. — Balsamo et M. Ledru. — Dumas et Lamartine, historiens. — Une lettre de Thackeray 251

XXI. — Une lettre sur la mort du duc d'Orléans. — Dumas et Rossini. — Frédérick-Lemaître et Molière. — Adolphe de Leuven. — « *J'ai tué Porthos.* » 269

XXII. — *Isaac Laquedem*. — Ce que, dans la pensée de l'auteur, devait être ce roman, épopée restée à l'état de fragment 285

XXIII. — Croyance en Dieu et scepticisme. — La Religion des romantiques. — Victor Hugo. — Conclusion. 311

APPENDICE 335

www.ingramcontent.com/pod-product-compliance
Lightning Source LLC
Chambersburg PA
CBHW060333170426
43202CB00014B/2762